（株）コーチ・エィ代表取締役社長
エグゼクティブコーチ
鈴木義幸

新 コーチングが人を活かす

気持ちと能力を高める最新コミュニケーション技術

Discover

はじめに――刊行20年の大幅改訂にあたって

初めてコーチングに出会ったのは1996年秋でした。

弊社コーチ・エィ創業者の伊藤が、アメリカ人のコーチを日本に招聘《しょうへい》して催したコーチングのトレーニングに私も加わりました。

これこそ、自分の人生を賭けるに値するもの――そう感じ、とても興奮しました。

それから、4年が経った2000年。4年間で自分の中に溜めた知識、スキル、経験、情熱を多くの人にシェアしたい。

そして、**人の主体性に働きかける〝コーチング〟というものがあること**を、世の中に伝えたい。

そんな思いで『コーチングが人を活かす』の執筆にとりかかりました。初めての本の執筆でしたが、パソコンのキーボードに置かれた指先は、やむことなく動き続けました。とにかく書きたいことがたくさんありました。そして、2000年5月『コーチングが人を活かす』を無事上梓することができました。

とてもうれしいことに、多くの方が、20年間にわたってこの本を手にとってくださいました。そして、たくさんの感想を寄せてくださいました。

いくつかをご紹介させてください。

「性格や才能は人それぞれ。指導方法もひとつではないと感じていました。そんな悩みを、ほぐしてくれたのがこの1冊」

「コンパクトで、さらっと読めるけれど、そのときそのときで抱えている課題のヒントが見つかる。定期的に読み返しています」

「人の自発性を引き出す対人関係のスキルとして、友人関係、夫婦関係など幅広い人間関係をよりよくするために効果がある」

「日本の企業で働く人材が、その可能性を最大限発揮するために、できる限り多くの人に読んでもらいたい」

「世の中が多様化する現在、新たな付加価値を次々と生み出さなければ組織は存続できない。人それぞれの個性を認め、それを伸ばす、そんな対話のあり方をコーチングは教えてくれる」

21世紀にコーチングが必要とされる3つの理由

２０００年当時、これから企業でコーチングが必要とされるであろうと思っていました。その理由は３つありました。

1つ目は〝**何が正解かが簡単には見つけられなくなってきている**〟こと。

経験豊富な上司や先輩が、部下や後輩に「こうするんだ」と指示をするだけでは、もはやさまざまな事態に対処できない。

前例のない課題に対して解を見出すためには、部下や後輩に問いかけ、彼らと一緒にそれを探り出していくようなアプローチが必要であり、コーチングはそれに応えるものである。

2つ目は、〝**組織における多様性の拡大**〟です。

どの世代も同じ価値観を抱く時代ではなく、それは世代によって大きく変わろうとしている。

外国人の部下も増えている。女性活用も声高に叫ばれている（繰り返しますが、これは昨今の話ではありません。2000年当時の話です）。

そのような労働環境の変化の中で、コーチングは、価値観を異にする人と方向性を合わせ、共に未来を描いていくことに寄与しうる。

３つ目は、〝イノベーションを求める声の高まり〟です。

当時は〝失われた10年〟とよく言われました。

日本企業が反転攻勢に出るためには、イノベーションが必要である。

イノベーションを起こすには失敗を恐れず挑戦する気構えが求められる。

それには、上司が部下の挑戦をうながさなければいけない。

挑戦をうながすためには「挑戦しろ！」と鼓舞するだけでは不十分で、部下に問いかけ、彼ら彼女らの視座を上げ、視野を広げ、視点を変えるコーチングが機能する。

本書を読んでくださった方のコメントや感想は、コーチングがこの３つのことに貢献しうるということを示してくれるものでした。

- 簡単に正解を見つけることのできない課題の増加
- 多様性の拡大

●イノベーションの必要性

この3つは、20年経った現在の日本でも、変わらず企業の中にテーマとして横たわっています。そして、その強度は明らかに20年前より増しています。

コーチングの貢献領域は大きく広がった

この20年間でコーチングが求められる領域も、当時の想像以上に大きく広がりました。

たとえば〝スポーツの世界〟。

競争はより一層熾烈になり、トレーニングの仕方を含め、コーチや監督といえども、簡単に解を見出し選手にアドバイスすることは難しい。

選手との世代格差が存在し、チームスポーツであれば多様な国の人をマネジメントしなければいけない。

新しい発想と戦略がなければ、もはや勝利を手にすることはできない。

ここでも3つのテーマは同じようにあり、多くのスポーツコーチによってコーチングの考え方やスキルがとり入れられてきています。

また〝**医療の世界**〟。

医療の世界では、昨今〝チーム医療〟の必要性が叫ばれています。

医師、看護師、薬剤師らがチームとなって、どんな治療が患者さんにとって最適かを見出していく。「この処置で大丈夫」と単純に医師が決められることばかりではない。

職種によって各人各様の立場、考え方がある。

時に大胆な病院運営に関する発想の転換も求められる。

やはり3つのテーマは存在しています。

医療業界では、日本医療マネジメント学会が開催されるたびに、病院へのコーチング導入の事例報告がなされるほどです。

そして〝**学校や家庭**〟。

先生だからといって、親だからといって、学校生活について子どもにアドバイスすることは簡単ではありません。

それこそデジタルネイティブの子ども世代との間には大きな価値観のギャップがある。

もちろん、子どもが大きく未来に向けて羽ばたけるように、視野を広げ、視座を上げてやりたい。

ここにも3つのチャレンジが横たわっています。

コーチングを学校や家庭で試し「子どもとの関係性が大きく変わった」とおっしゃってくださる先生、親御さんは本当に多い。

企業、スポーツ、医療、学校、そして家庭——さまざまなエリアでコーチングが活用されていることは、米国から初めて日本にコーチングを持ち込んだ会社の代表として、本当にうれしいことです。

改訂版執筆を決めた3つの理由

さて、本書の旧版を上梓して20年が経ちます。

今回、ディスカヴァー・トゥエンティワンからのお声がけもあって、旧版に大きく改訂を施すことにしました。

声をかけていただいたのがきっかけではありますが「今すぐ筆をとらねば！」と思った理由は大きく3つあります。


まず1つ目は〝**一部でコーチングが誤解して使われていることに対する懸念**〟です。

コーチングでは、相手に質問をしていくわけですが〝学校の問題を解かせるように〟質問してしまう方が一定数いると感じています。

「君、これはどう思う？」

角度としては多少〝上〟から。すでに問いかけている自分の中に答えがあり、それを相手に考えさせようとする。

これは、コーチングではありません。

コーチングはあくまでも、問いを2人の間に置き、一緒に探索しながら、相手の発見をうながしていくというアプローチをとります。

本書を2000年に執筆したときは、この〝相手の発見をうながす〟というところにとても強いフォーカスを当てました。

そのために、本文中では〝引き出す〟という言葉を多用しました。当時は〝引き出す〟という言葉で、こちらから言うのではなく〝相手の中にある可能性を顕在化させるのだ〟ということを強調したかったのです。

ですが、聞きようによっては〝引き出す〟という言葉は、別の意味を持ちかねません。

こちらは経験がある人、わかっている人、スキルを持っている人。さあ、あなたはまな板の上に乗ってください。私が引き出して見せますから……。そうもとられかねません。

このことはずっと気になっていました。

今回、思い切って〝引き出す〟という表現を削除し、別の表現に変えています。

単に言葉を変えただけでなく、〝コーチングとは、問いを2人の間に置き、一緒に探索し、その中で相手の発見をうながすもの〟だということを、本書を貫く哲学としてど真ん中に置いています。

2つ目の理由は〝コーチングというスキルをベースに、いかにチームや組織の中での対話を起こすのかを書きたかった〟ということがあります。

コーチングは、基本的に1対1で行うものです。ですが「会議やミーティング、そもそもチーム、組織を活性化させるために、どうコーチングを活かせますか？」という質問を、日常的に受けます。〝チームや組織での対話を活性化させたい〟というニーズに応えるもの、それを本書の中に盛り込んでみたいと思いました。

3つ目の理由は〝この20年間で、弊社コーチ・エィの仲間と共に、お客様との体験を通して培《つちか》った、新たなコーチングのスキルや知識をお伝え

したい〟ということです。

コーチングは、最初から完全に完成したものではなく、日々世界中のさまざまなところで研鑽され、新しいものへと進化を続けています。

この間、新しく手にしたもの、見つけたものを、みなさんと共有したいと思いました。

このように、本書では、いくつかの新しい切り口でコーチングについて語っていますが、コーチングの本質が変わるわけではありません。

コーチングの本質は〝未来を創り出す主体的な人材を創る〟ことにあります。

今、目の前にいる人の主体性に働きかけ、その人が、未来に向けて飛躍するように、いかに自分のコミュニケーションを使うことができるのか——それがコーチングが目指すところであることは、おそらく普遍的であると思います。

本書を手にされたあなたが、今まで以上に、仕事で、プライベートで、そして家庭で、周りの人にコーチングをベースとしたコミュニケーションをもって働きかけ、未来を創り出す主体的な人の創造に関わっていただけたら、著者としてこれほどうれしいことはありません。

本書を手にとってくださり、本当にありがとうございます。

鈴木義幸

新 コーチングが人を活かす

CONTENTS

LESSON 01

相手と自分の発見をうながす

LESSON 02

相手と信頼関係を築く

LESSON 03 目標達成に目を向ける

LESSON 04 視点・切り口を変える

LESSON 05

主体的な行動をうながす

LESSON 06

コーチングの達人に向けて

LESSON

07

チーム・組織に対話を引き起こす

SKILL 04

すぐに答えられる
小さな質問をする

SKILL 05

〝なぜ〟のかわりに
〝なに〟を使う

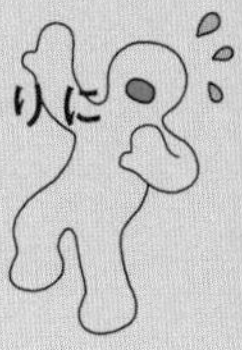

SKILL 06

沈黙を
効果的に活用する

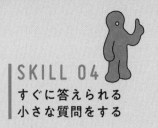

相手と自分の発見をうながす

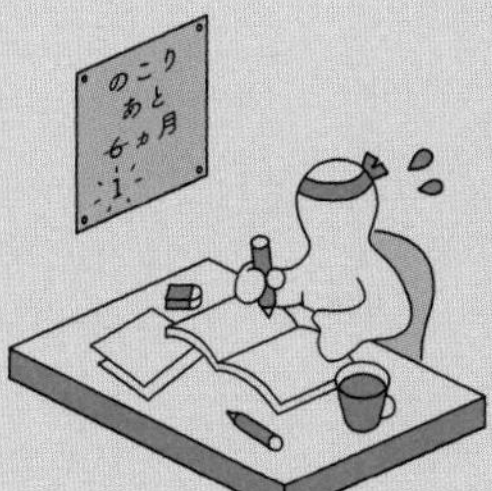

SKILL 10

相手についての質問を
自分に問いかける

SKILL 11

〝究極の質問〟を
つくってみる

SKILL 12

チャンク・アップ
かたまりにする

SKILL 01
心のシャッターを
上げる

SKILL 02
答えを
一緒に探す

SKILL 03
チャンク・ダウン
かたまりをほぐす

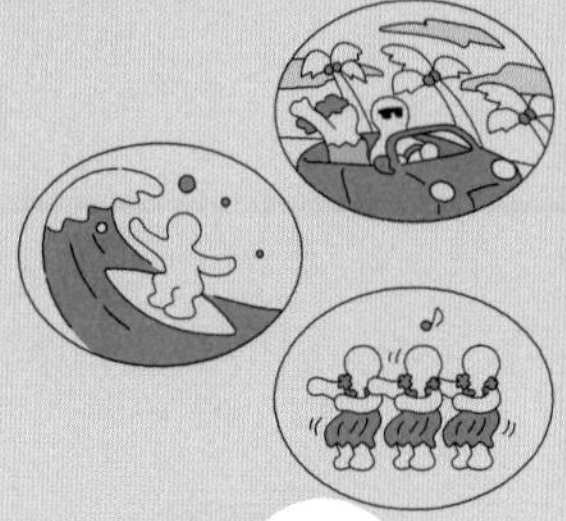

LESSON 01

SKILL 07
〝きっと見つける〟と
相手を信頼する

SKILL 08
答えを見つける
旅に出す

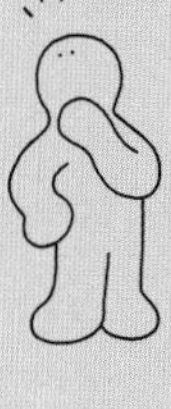

SKILL 09
不満を
提案に変える

SKILL 01

心のシャッターを上げる

コーチングで最も大事なのは〝発見をうながす〟ことです。

相手の中にある、相手さえもそこにあると気づいていない内側の情報を〝一緒に探索〟して、見つけ出していく。そして〝共に発見〟した情報を、未来に向けた新たな行動の指針となる知識に変えていく。

あなたの部下や顧客は、仕事をうまくいかせるための十分な情報を、自らの中に持っているかもしれません。誰かがそれを〝発見する〟ことを手伝わなければ、永遠に口にされることのない思いや考えが内側にあるかもしれません。**探索の伴走者となってくれる人がひとりいるだけで、その人の人生はずっと力強いものになる**でしょう。

では、具体的にはどのようにすれば、人の発見をうながすことができるでしょうか。

人と人が向かい合えば、たとえそれが親子であったとしても、ある種の摩擦が生じます。人は基本的に自分以外の人間に対して防衛を働かせているからです。厚いシャッターが下りたままでは、発見に向けた協力者として、向こうがあなたを選ぶことはないでしょう。

協力者として選ばれるための第一歩は、相手が下ろしているシャッターを少しでも上げることです。そしてシャッターを上げるには、常日頃から〝通りがかりの一言〟を大切にする必要があります。

「おはよう」

「ありがとう」

そんな**当たり前の一言にどれだけ気持ちをこめられるか**で、シャッターの上がり下がりは変化します。向かい合ってからはじめて重く閉ざしたシャッターに手をかけるのでは遅すぎます。

その上で、発見をうながすための質問をします。そして、ひとつ答えを受けとったら、受けとったことをちゃんと相手に伝えます。

「そうなんだね」「そんなふうに考えていたんだね」

それからさらに相手を自由にします。

「それで」「それから」

話の細部に対して関心が生まれたら「もっときかせてくれよ」と、また質問します。

そしてまた、**受けとって、受けとったことを伝え、うながし、質問する**。この過程が繰り返されることによって、相手は徐々にあなたを探索の伴走者として認め、そして、実際に発見がうながされていくのです。

まだ十分に探索されていない目の前の人の能力や気持ちや考えを、一緒に「発見してみよう」そう思った瞬間に、あなたはその人にとっての、その瞬間における人生最高のパートナー（コーチ）となるのです。

POINT

質問し、答えを受けとったことを伝え、さらに質問し、心のシャッターを上げる

通りかがりの一言に気持ちを込める

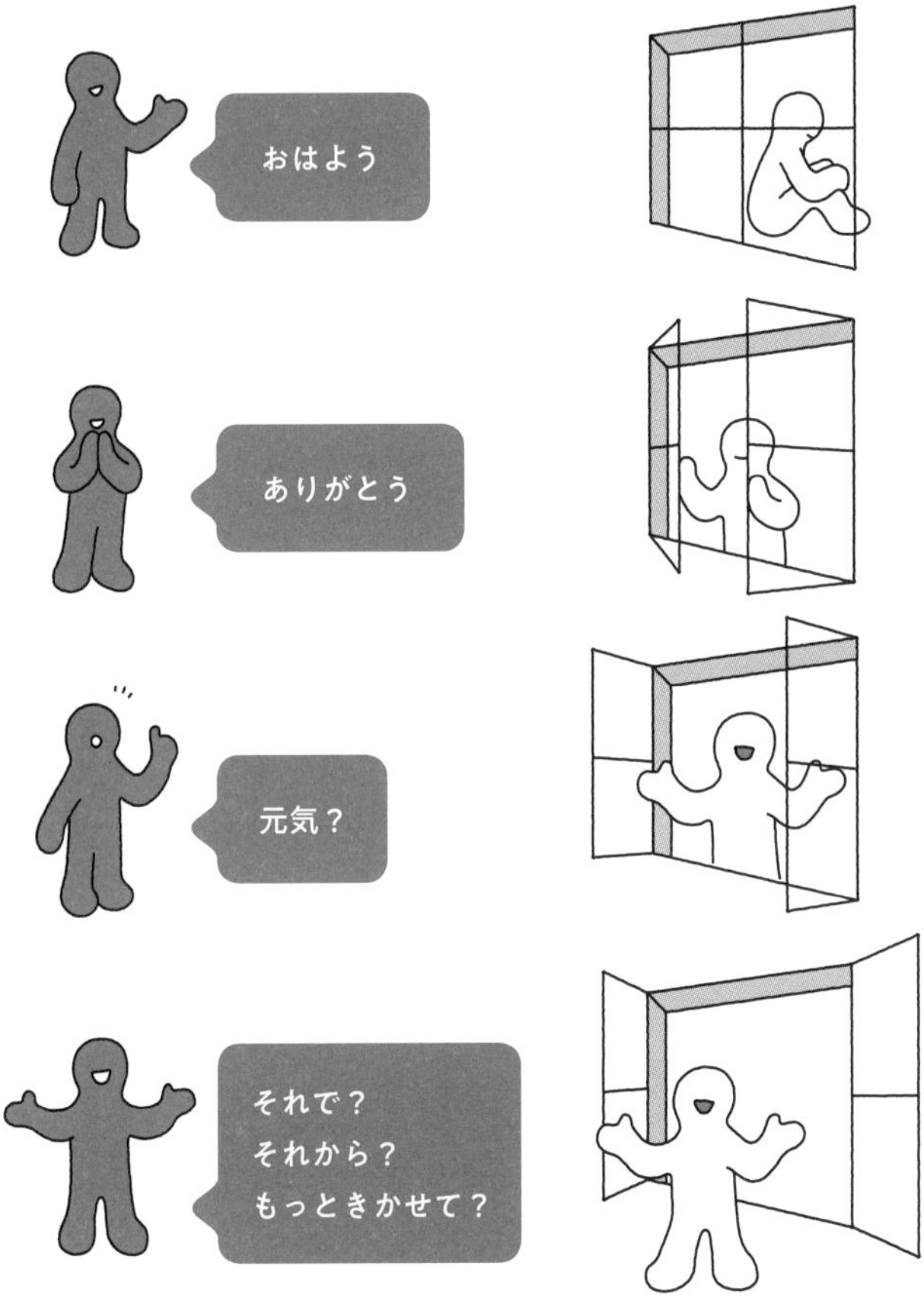

SKILL 02

答えを一緒に探す

コーチングに出会ってから10年ぐらいは、コーチングは〝相手から引き出す技術〟であると思っていました。ですから本書の旧版では〝引き出す〟というフレーズを、多くのページで連呼していました。

〝引き出す〟という言葉を使った前提には——答えは相手の中にすでにある。自分でも気づいていない答えを相手は内側に持っている。それを引き出す人がひとりいれば、きっと相手は内側の奥底の何かを見つけ出すことができる——そういう思いがありました。

そうとらえることは必ずしも間違いではありませんが、コーチングを〝引き出すこと〟ととらえると、どうしても、引き出す側と引き出される側に二分化されるイメージがある。引き出す側は質問のエキスパートであり、引き出される側はまな板の上の鯉。そこではコラボレーションという雰囲気が消え去ってしまいます。

コーチングの醍醐味は、一緒に何かを探索することであり、発見することです。コーチが問いの発信者であり、質問の担い手なのですが、問いは〝上から下に向かって投げつけるもの〟ではなく〝2人の間に置いて、一緒に共有すべきもの〟。

たとえて言えば「1＋1はなんですか？」「あなたは絶対にその答えを知っている、さあ答えてみましょう！」と迫るのが〝引き出す〟。

「答えが2となるには、一体どんな計算式があり得るのか。この場合、どの計算式が適切なのか――いろいろな可能性について一緒に考えてみましょう」が探索であり、発見のうながし。「なんでしょうね、なんでしょうね」と**コーチの側もあくなき興味と関心を持って、その問いの中に入っていく。**

企業の管理職の方々と話をしていると、残念ながらコーチングを前者のようなスタイルで使っている人が少なからずいます。

「君はどう思うんだ？」

声を強めに、あたかも学校の先生であるかのように、部下に問いを投げる。

上司の側にすでに答えはあるわけです。でも相手に試練を与えようと考えさせる。それもトレーニングでしょうし、悪いわけではありません。しかし、それはコーチングではないですし、コーチングの哲学には反すると思うのです。

コーチはあくまでも、相手と問いに対して等しく向かい合う。

「この会社の存在意義は何だろう?」

「この部門はどう変わる必要があるだろう?」

「そのために我々はどのように変わることを求められているだろう?」

〝問いに対して等しく向かい合う〟という前提で考えれば、コーチングらしい質問というのがあるように思います。共に探索をすることが可能な質問というのが。

POINT

〝引き出す〟から〝一緒に考える〟へ。
問いを〝相手と共有するもの〟にする

“引き出す”から“一緒に考える”へ

[引き出すコーチ]

あなたは
どう思うの
ですか？
さあ、
答えて！
??

“教える側” と “教えられる側” の
関係ができてしまう

[一緒に考えるコーチ]

一緒に
考えて
みましょう
うーん、
なんで
しょうね

真っ白なキャンバスに一緒に絵を描いていく

SKILL 03

チャンク・ダウンかたまりをほぐす

人は自分の過去の体験をひとつのチャンク（＝かたまり）にして脳の中にストックする傾向があります。ですから「ハワイ旅行どうだった？」ときいたとき、いきなり具体的に「あそことあそこに行ってこんなことをした」と話しはじめる人はあまりいません。

とりあえず「すごく楽しかった」とか「まあまあだったね」とか、その体験を代表するひとつの言葉で答えます。相手との関係に安心感が少なければ少ないほど、この傾向は強まります。

ところが、ここで相手の抽象的な答えに対して「そうですか」と一言返して終わってしまったり「ハワイっていいとこだよね、僕も去年行ってさあ」といきなり自分のことを話しはじめたのでは、相手のチャンクの中味を知ることは永遠にできません。

そこで登場するのが**チャンク・ダウン（＝かたまりをほぐす）**というスキルです。相手の言葉のかたまりを具体的な言葉にほぐしていってあげるわけです。

「すごく楽しかったって、具体的にはどんなことがあったの？　教えてよ」

「うん、ゴルフコースに出たんだけど、それがすごくよかったんだ」

「そうなんだ。どんなところがよかったの？」

「海岸に隣接しててね……」

相手のかたまった言葉を受けて、それをほぐす。またかたまりを見つけて、ほぐす。相手の話を自分の中でどんどん絵に置き換えていくというプロセスの中で**「まだここがはっきり絵にはならないな」という部分を質問にして返していきます。**

これを繰り返すことで、相手のチャンクの中味を詳細に知ることができます。また、相手はとても深くきかれたなと感じます。

「あの案件どうなってる？」という質問に「ちょっとうまくいってないんです」という答えを部下が返してきたとき「うまくいってないじゃわかんないだろ！　なにがダメなん

だ!」と詰問しているなら〝うまくいってないこと〟の中味を知るのは難しいでしょう。

「うまくいってないというのは、具体的にどこが?」

「なかなかチームのメンバーを束ねるのが難しくて」

「どんなところに難しさを感じてるの?」

「A君の自己主張が強いんですかね」

「そうなんだ、A君は何について強く言ってくるの?」

かたまりを見つけてほぐす。かたまりを見つけてほぐす。その繰り返しが、部下の置かれている状況のいち早い理解につながります。

質問には、まず部下はチャンクで返す。そのチャンクをときほぐすのは自分の役割だ。そう最初から認識していれば、声を荒げ詰問することもなくなるでしょう。

POINT

相手の話を、質問によって、自分の中で〝絵〟になるまで具体化していく

かたまりを見つけてほぐす

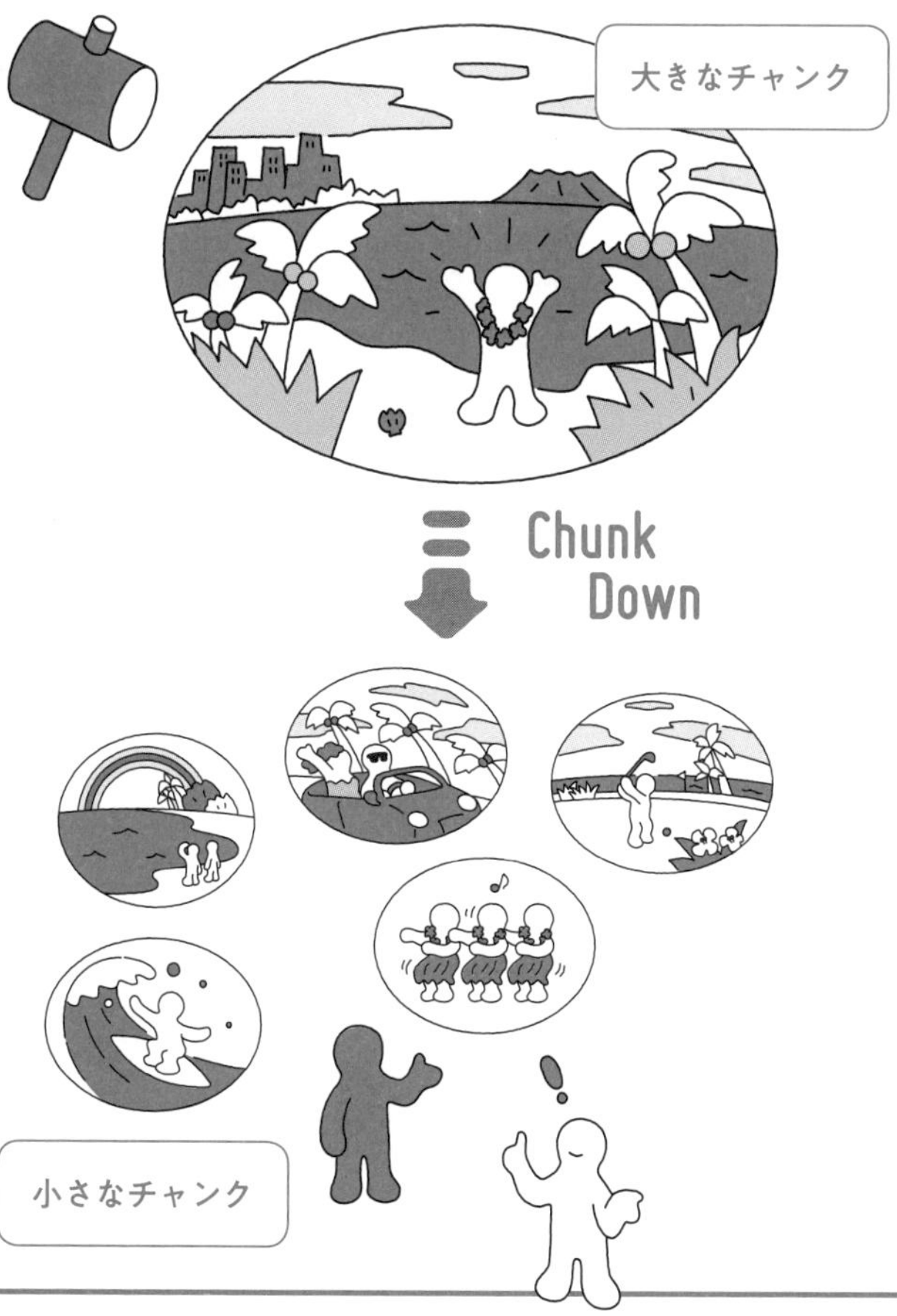
大きなチャンク
Chunk Down
小さなチャンク

04

SKILL

すぐに答えられる小さな質問をする

コーチングを学びはじめると、相手の発見をうながすことの醍醐味を知って「よ〜し、発見するぞ！」と力をこめすぎてしまう人がいます。

私が所属するコーチ・エィはコーチングのプロの集団ですが、どこかでコーチとして仕事をしていた人が、転職してくるわけではありません。コーチ・エィに入社してからコーチングのトレーニングを受けます。

あるとき、入社3ヵ月目にしてコーチングに〝目覚めた〟社員が突然、

「鈴木さんってどういうビジョンを持っているんですか？」

「会社をどうしていきたいと思っているんですか？」

「会社はどう変わる必要があると思いますか？」

なんの前触れもなく矢継ぎ早にきいてきました。しかも始業直後に。頭は回らないし、上司としていい加減なことは答えられないしで、とても息苦しくなりました。

コーチングの基本は相手の発見をうながすこと。だからといって、いきなりぐいっと相手の内にあるものを引っ張り出すような質問は、効果的ではありません。

よくあるのは先の話とは逆に、コーチングを学びはじめたばかりの上司が、部下に答えにくい質問を投げかけてしまうことです。

「この会社の中で将来どんなことを実現したいんだ」などといきなり〝大きい質問〟をしてしまう。しかも「さあ、発見をうながすぞ！」という顔で前かがみになるものですから、きかれたほうはたまりません。ただでさえ答えにくい質問がよけい答えにくくなります。

〝大きい質問〟に答えるには、自分の意識を深く内側に入りこませる必要があります。それまで基本的には外に向いていた意識を、急に深い内側に入れるのは、ちょうど朝起きたばかりでまだ体が眠っているような状態のときに、いきなり牛丼を食べさせられるような不快感があります。相手との間に深い親密感がなければなおさらです。

人は基本的に不快なことはなるべくしたくないわけですから、まずは**相手の意識を〝小さい質問〟で慣らす**必要があります。

上司であれば部下に、相手が抵抗感なく答えられる質問をいくつかします。

「昼飯、食べた?」

「子どもいくつになったんだっけ?」

「そのスーツいいねえ。どこで買ったの?」

意識を徐々に内側に入れていきます。それからです。〝大きい質問〟をしていいのは。

相手に多くの発見をうながすにはまず〝小さくて必ず答えられる質問〟からしていく。

それが鉄則です。

POINT

大きい質問をする前に、まず小さくて必ず答えられる質問からはじめる

“大きな質問”の前に“小さな質問”を

［大きな質問］

あなたの
ビジョンは？
あなたの夢は
なんですか？

［小さな質問］

お昼何食べた？
そのスーツ、
どこで買ったの？

05 SKILL

〝なぜ〟のかわりに〝なに〟を使う

ある大手外資系コンサルティング会社でトレーニングを行いました。

コンサルタントは、コーチと違い、自身の経験と知識を活かして、相手に最良の解決策を提案するのが仕事です。しかし、それには〝相手が抱えている問題がなんなのか〟をしっかり問いかけて、把握する必要があります。そのためにコーチングを学ぶのがトレーニングの主旨でした。

トレーニング中、参加者からこんな質問が出ました。

「相手の問題を突きとめるために〝なぜ〟という言葉を最低10回は使おうと意識しています。ところが、それでもまだきき出せていないものがある気がするんです。質問の仕方が悪いんでしょうか？」

問題究明のために〝なぜ〟を使うことは日常よくあることです。なかなか売上の上がらない部下に「なぜ売上が伸びないんだ？」など、あなたが〝なぜ〟という言葉を使う状況を思い浮かべてみてください。

相手からはどんな反応が返ってくることが多いでしょうか？　逆に、自分が〝なぜ〟ではじまる質問をされると、内側ではどんな反応が起きますか？

コーチングは〝なぜ〟のかわりに〝なに〟を使うことを提案しています。それは**〝なに〟を使った質問のほうが、内側にあるものの発見に至りやすい**からです。

〝なぜ〟といわれると、現実を客観的にとらえその理由をあげるというよりは、とりあえずそれ以上攻撃されないように防御壁を築きたくなります。

子どもの頃から〝なぜ〟ときかれるのはほとんどが、悪いことをしたときです。よいことをしたときには誰も〝なぜ〟とはいいません。だから〝なぜ〟という言葉をきくと、責められることを想定して防衛態勢に入るのです。

だからコーチングでは「なぜ目標達成しなかったんですか？」ではなく**「なにが具体的に目標達成の障害になったんですか？」**とききます。

すると相手は客観的に目標への障害をあげることが可能になるのです。

冒頭でご紹介したコンサルタントは、その後〝なに〟を使うことにより今までよりもずっと短い時間で多くのクライアントの情報にアクセスすることができるようになったと報告してくれました。

あなたも、〝なぜ〟といいたくなったら、ぐっとこらえて〝なに〟を使ってみてください。

POINT

〝なぜ〟は防御的な姿勢を引き出す可能性がある。
〝なに〟が相手を警戒させず答えやすくさせる

「なぜ」には攻撃のニュアンスが入ってしまう

「なぜ？」という言葉には
相手の責任を追及する響きがある

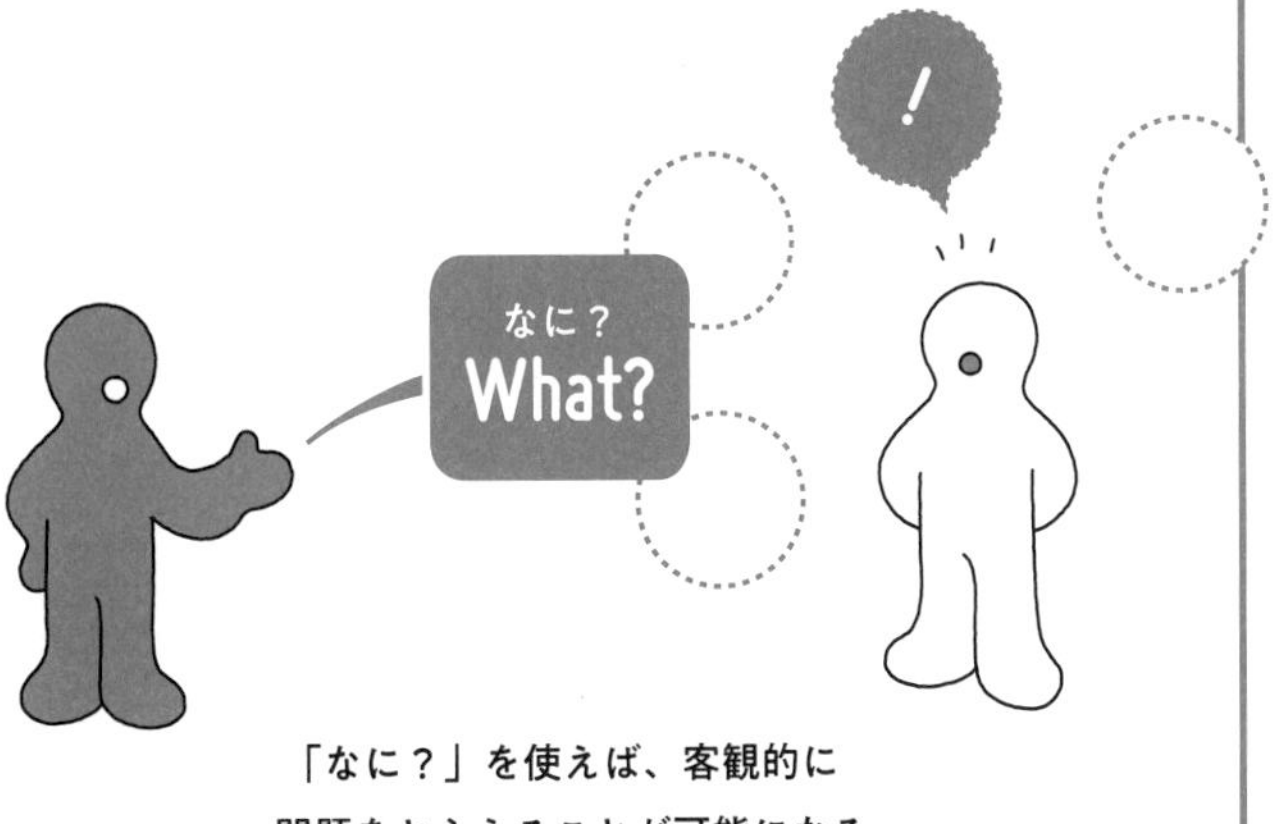

「なに？」を使えば、客観的に
問題をとらえることが可能になる

06

SKILL

沈黙を効果的に活用する

突然訪れた沈黙に身が固くなって視線のやり場に困り、体に巻きつけられたロープを振りほどくように、とりあえずなにかを口にする。そんな経験はどなたでもお持ちでしょう。そうではなく「今は自分はなにも口にすべきではない」「沈黙を相手に与えよう」そう思って、その間《ま》を相手と共有したことはありますか？

私はこれまでずっとコーチをつけており、そのうちの2人は、沈黙ということについてとても対照的でした。

一方のコーチは質問を投げかけたあと、こちらがちょっと考えていると、気を使っていろんなことをいってくれます。

「質問がわかりにくかった？」

「あっ、具体的にいうとこういうことなんだけど」

1秒でも間があいたらなにかいってきます。

「もう少し考えさせてよ！」といいたくなることがしばしばありました。

もう一方のコーチはとにかく待つ人。こっちが考えていると、いつまでもなにもいわないでじーっとしている。
3、4秒はいいんですが、そのうちこちらがなにもいわないのが気まずくなって、ついどうでもいいようなことをしゃべってしまう。最初のコーチよりはましだけれど、ベストではありませんでした。

この2人のコーチを受けたことでかえって、どうすれば沈黙を効果的にクライアント（コーチを受ける人）と共有することができるかが、自分の中で明確になりました。

まず質問を投げる。次に相手が考える。そしてすぐに答えが返ってこなかったら、**「好きなだけ時間を使ってゆっくり考えてください。それまで黙っていますから」**

そうクライアントに伝えるのです。

自分がそういわれたところを想像してみてください。少し気楽に沈黙を使える気がしませんか。

相手に一度このメッセージを伝えておくと、次に沈黙が訪れたときも、2人の間に沈黙はどう使われるべきかの合意がありますから、変な緊張が生まれずにすみます。

沈黙という、普通は偶発的に起きる〝間〟を、相手の発見をうながすためのかけがえのない時間に意図的に変えてみてください。

POINT

「ゆっくり考えて。黙っていますから」と伝えれば、沈黙は怖くない

沈黙が生み出す緊張に対処する

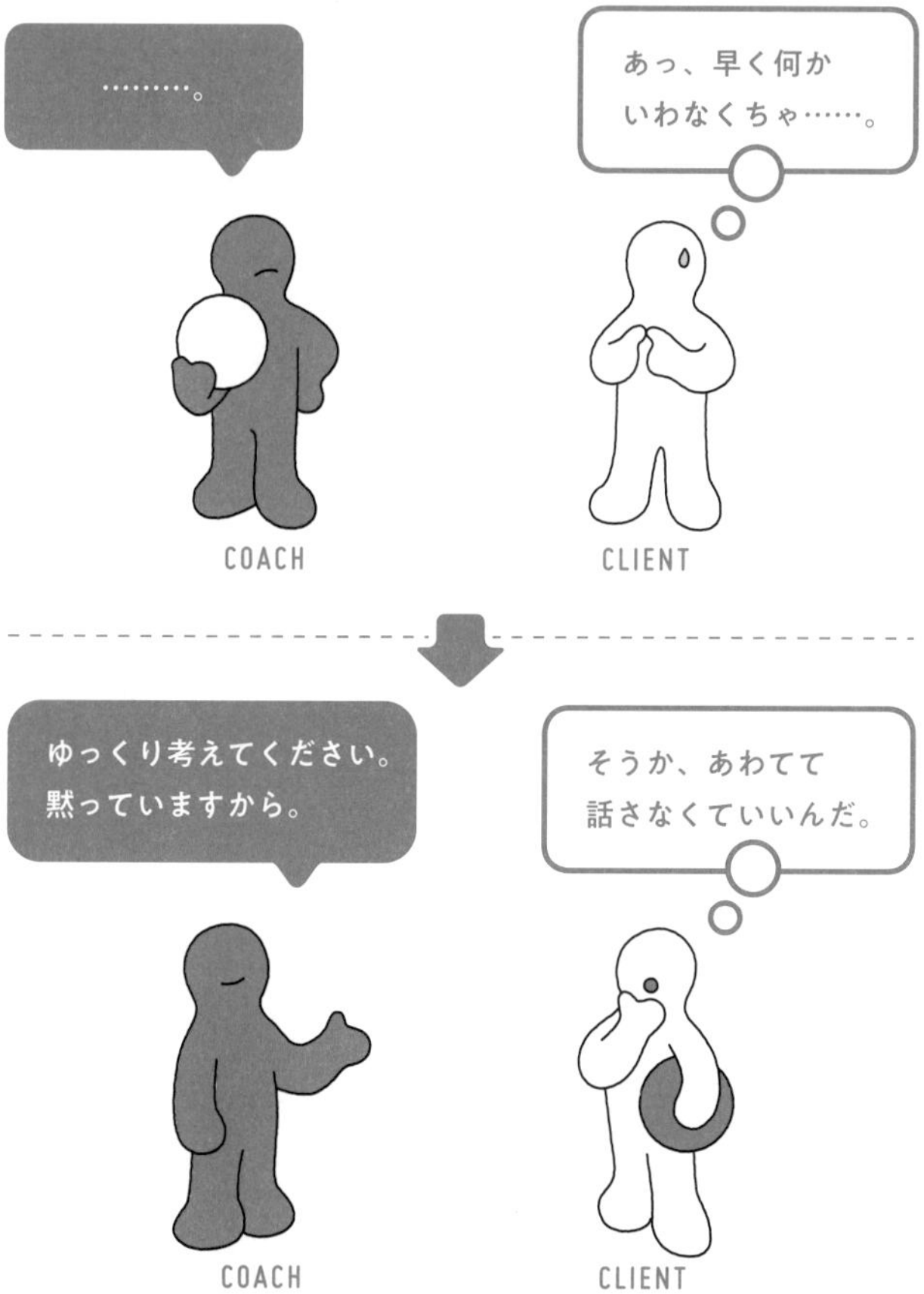

……….。
あっ、早く何か
いわなくちゃ……。
COACH
CLIENT
ゆっくり考えてください。
黙っていますから。
そうか、あわてて
話さなくていいんだ。
COACH
CLIENT

SKILL 07

〝きっと見つける〟と相手を信頼する

コーチとは〝人の主体的な行動をうながせる人〟〝相手の中にある情報を一緒に探索、発見し、未来に向けた原動力に昇華することのできる人〟です。

私自身コーチングをしていて、初期の頃は相手の発見をうながすというよりも、こちらから提案することが多かったと思います。コーチというよりはコンサルタント。気の利いた提案が浮かばないと、ちょっとした息苦しさを感じていました。

頭では、相手の主体性こそが大事だと思っていましたから、クライアントが「これは、どうしたらいいんでしょうか？」ときいてくると、まず「○○さんは、どんなことができると思う？」といいます。

けれども、そう質問しながら、一方では相手が答えられないときのことを想定して「なるほど、さすがコーチ！」と思ってくれるような提案をしようと、焦ってしまうことがよくありました。

もちろん、提案すること自体は悪いことではないし、コーチングにおいても時にはそうすることが必要なこともあります。

しかし、提案を考えながら、同時に相手の発見をうながそうとすることは、なかなか難しいものです。いつの頃からか、もう少し辛抱強く相手の発言を待つようになりました。「で、あなたにはどんなことができますか？」という質問をしたあと、たとえ相手が「うーん」とうなっていても、じっと沈黙を守り「きっと何かを探り当てる」と念仏のように頭の中で唱えます。

そして不思議なことに、**こちらが待つというスタンスに立つと、相手から本当にクリエイティブな、これは使えるというようなアイデアがたくさん出てくる**のです。

言葉は乗り物であり、そこにどんな気持ちを乗せるかによって相手に与える影響はまったく変わってしまいます。

発見をうながすセリフを使っても、そこに相手に対する信頼が乗っていなければ相手は何も探り当てることはできないでしょう。

今度、部下があなたに相談を持ちかけたら、たとえどんなに素晴らしい提案が浮かんだとしても、あえて相手にきいてみてください。

「きみはどうしようと思うの?」

それに対して〝必ず相手は内側に何かを探り当てる〟という超弩級《どきゅう》の信頼を乗せて。

POINT

答えは必ず相手の中にあるという信頼を持って待つ

質問とともに大きな信頼を相手に伝える

きっと答えてくれる。
必ず、答えは相手の中にある！
あなたはどうしようと
思いますか？

焦らず、辛抱強く待つ。
口先だけの言葉でなく、信頼の気持ちをこめる

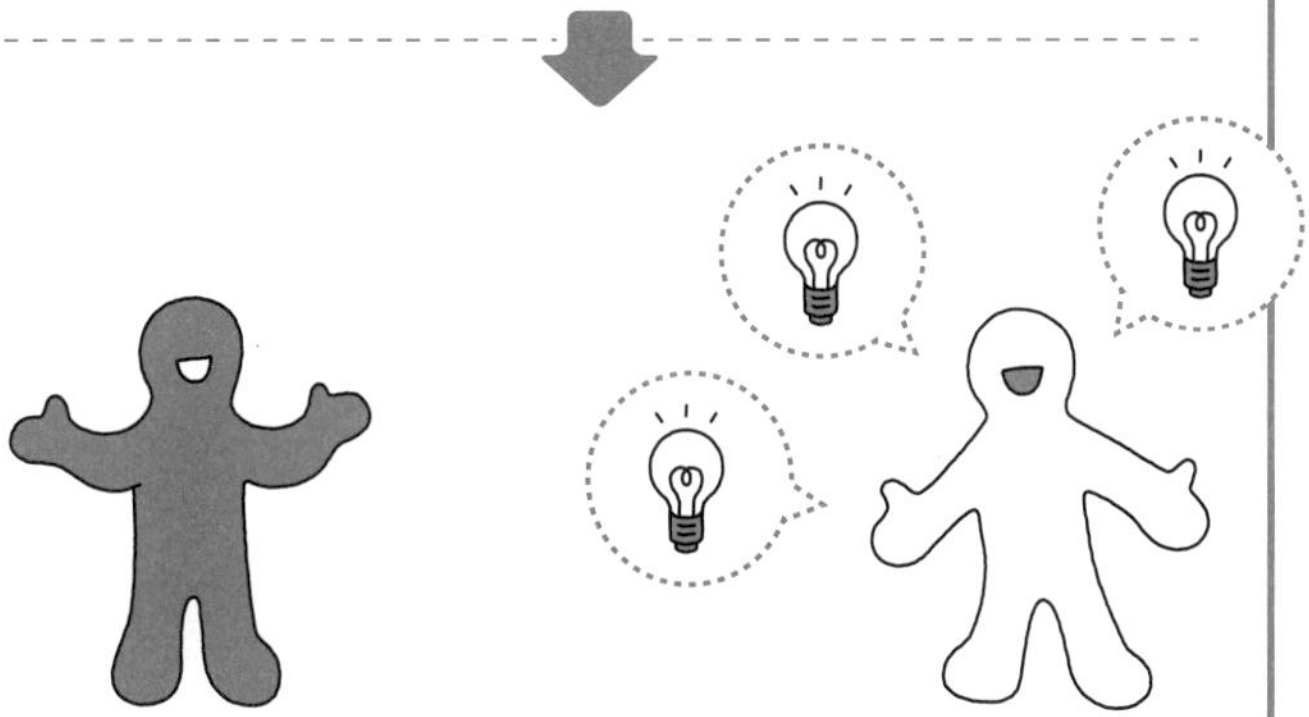

クライアントから
クリエイティブなアイデアがたくさん出てくる

08
SKILL

答えを見つける旅に出す

大手外資系ＩＴ会社の開発部長に向けてコーチングをしていたときのこと。

「マネージャーが部下の自己探索や発見を効果的にうながすことができるといいですね」

という話をすると、ひとりの参加者が厳しい顔をして手をあげました。

「自分の中を探索したところで、そこに何もなかったらどうするんですか？」

半分怒った顔をしています。

よくよくきくと、彼はさまざまな商品の開発に役立つ基礎技術の研究をする部署の部長さんで、そこの部署では、まれに現れる天才に、いかに研究しやすい環境を与えるかを第一の使命としているとのことでした。

少なくともその分野に関しては〝解〟は誰の中にでもあるものではなく、ごく少数の天才の中にのみ存在するというのが彼の持論でした。だから天才以外には、問いかけることすら無駄だと。

彼のケースはちょっと極端だとしても、企業でマネージャーの方にコーチングのトレーニングをしていると、これは非常によくきかれる質問です。経験や知識の少ない部下に探索させたところで、何か発見が起こり得るのかと。

もちろん、特に企業の場合はコーチングよりもティーチング（教えること）のほうが効率的だったり、効果的だったりする場合もあります。

仕事のリスクが高いのに、それを担当する部下の職務能力が低ければ、どちらかといえばコーチングよりもティーチングがコミュニケーションの中心になるでしょう。

しかし、**探索と発見のために多少時間的余裕があるのであれば、答えは与えずに相手を〝旅〟に出したほうがいい。**

「どうしたらいいかわからないんですよ」といわれたら「じゃあそれを見つけるためにどんな行動がとれる？」とときき返します。

相手は書店や図書館に向かうかもしれないし、そのことについてよく知っている同僚にきくかもしれないし、サイトを検索するかもしれない。

いずれにしても与えられた情報よりも、**自分でとりにいった情報のほうが、実際に血となり肉となって使える知識として活用される確率がはるかに高い**のです。

「天才とは努力する凡才のことである」というアインシュタインの言葉が正しいとすれば、凡才を旅に出すことで、天才という頂《いただき》に一歩近づけることができるかもしれません。

POINT

答えを教えるのではなく、自分で見つける〝旅〟に出す

旅に出て苦労して得たものほど身につく

[ティーチング]

[コーチング]

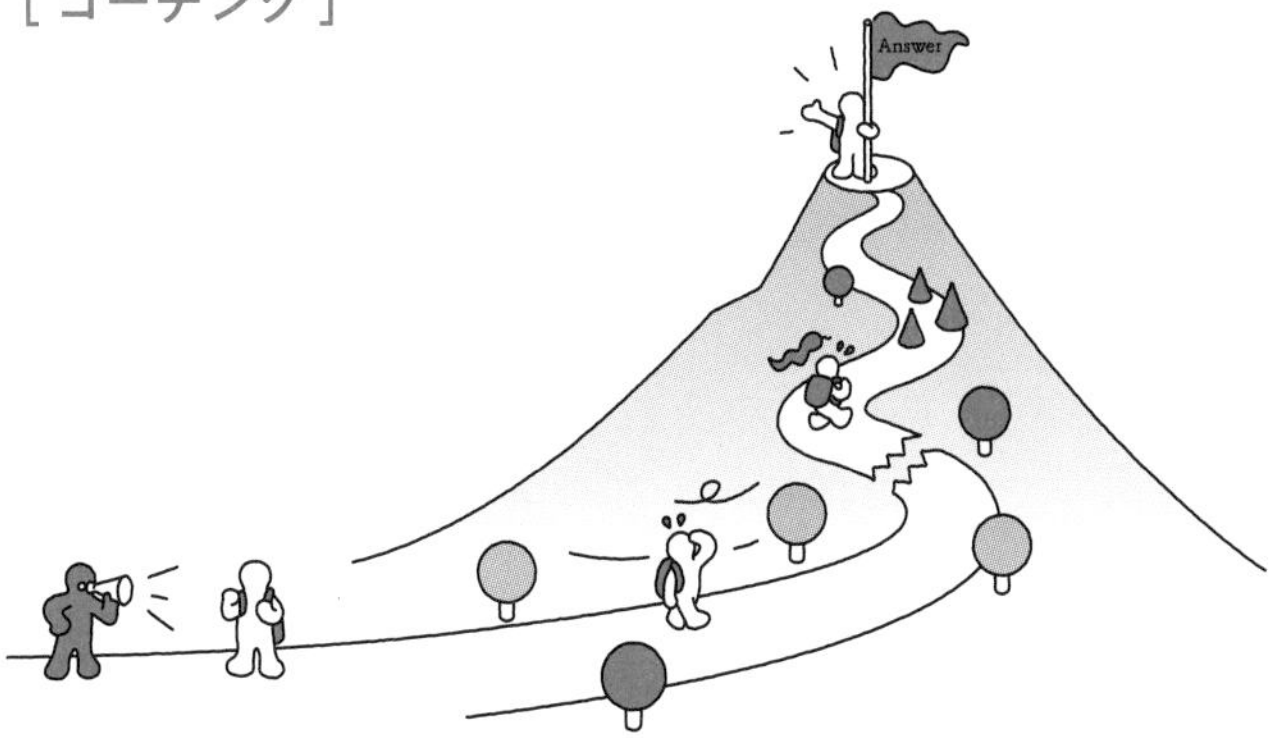

SKILL 09

不満を提案に変える

人を指導育成する立場にあると、なんといっても怖いのが、自分に向けられる〝不満〟です。だから会社の上司も学校の先生も、それがなるべく出ないように、恐い顔をしたりやさしい顔をしたり、いろいろなことをするわけです。

コーチングでは〝不満を提案に変える〟が鉄則です。

不満とは、基本的に「あなたには私をハッピーにする義務がある（のに、それを果たしてくれない）」という被害者的なスタンスからのメッセージです。

それを**「私が力を使わなければ、私はハッピーになれない」**という自己責任を明確にしたメッセージに変えます。たとえば、次のようにです。

部下「課長、あんな非生産的な朝礼は続けても無駄じゃないかと思うんです」
上司「そうか、どんなところが非生産的だと思うんだ」
部下「全員が1日の予定を話しても、誰も関心持ってきいていないし、週間報告が月曜日にあるんですから、それでいいと思うんですよ」
上司「なるほど。みんなが毎朝顔を合わせることには意味があると思うから、朝礼自体は継続するが、どうすれば生産的なものになると思う？　アイデアをきかせてくれないか」
部下「そうですねえ……たとえばその日はどんな心がけで仕事に臨むか、全員に宣言させるのはどうですか。そしてそれをボードに全部書いておくんです」
上司「いいねえ、ぜひそれをやろう。今度の朝礼で君からみんなに提案してくれないか。もちろん私も同意していることを伝えるから」
部下「わかりました。よろしくお願いします」

いつでも不満を提案に変えることができるなら、もう不満におびえる必要はありません。

相変わらず、スポーツの世界におけるパワハラの問題が、よくニュースとして流れます。体育会という組織では、上は下に権威を脅かされたくない。だから、下が不満を少しでも言ったり、それを何らかの形で表現したら、上から抑えようとする。

もちろん、選手を育てたいという気持ちはあるのだと思いますが、それ以上に〝自分の力〟に対するこだわりは大きいと感じます。そして、パワハラとされてしまうような行為で抑えてしまう。

これは、指導者、選手、双方にとって不幸な結末を招いてしまいます。

不満を提案に変える――力を持っている人にこそ、身につけていただきたいスタンス、スキルです。

POINT

質問によって、相手の不満を提案に変えていく

「不満」から「提案」への変換プロセス

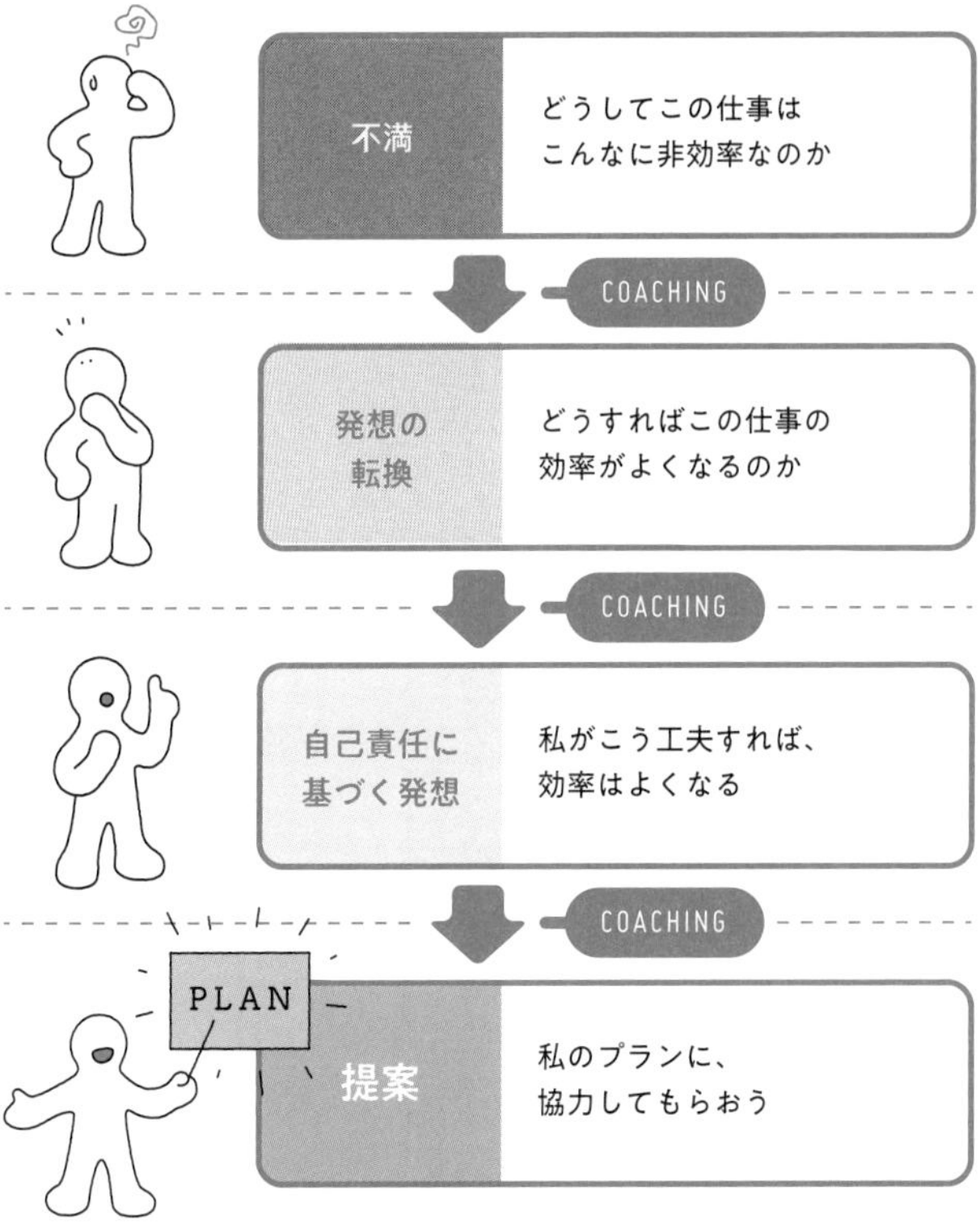
不満
どうしてこの仕事は
こんなに非効率なのか
COACHING
発想の
転換
どうすればこの仕事の
効率がよくなるのか
COACHING
自己責任に
基づく発想
私がこう工夫すれば、
効率はよくなる
COACHING
PLAN
提案
私のプランに、
協力してもらおう

不満を感じている相手はたいていの場合、
その問題に対する答えを持っているはず

SKILL 10

相手についての質問を自分に問いかける

先日ある経営コンサルタントと話していたら彼がこんなことをいいました。

「社長ってどうして、いつも自分が正しいというところから動かないんでしょうね」

彼がいうには、ある顧客の社長がとにかくワンマンで、いつも命令口調で社員に話をする。結果が悪ければ怒鳴り散らす。社員は萎縮するばかりで会社の売上は一向に伸びない。それどころか離職者が毎月出て、会社はほとんど瀕死状態。

彼が社長に「もう少し社員の気持ちも汲んで、指示を出さないとだめですよ」というと、社長がいったそうです。

「あいつらの努力が足りないんですよ」

当たり前のことですが、人はほとんどの場合〝自分の側〟から状況を見ています。この社長さんが例外なのではなくて、相手の立場に立ってものを見るというのは本当に難しい。

〝向こう側〟に回って状況を観察すれば、きっと違う行動の選択が可能になるだろうと思います。だからこのコンサルタントのように、つい「もっと相手の気持ちを考えて」といってしまう。

しかし、実際には人の視点はなかなか動かせません。「なぜ俺がそんなことといわれなきゃいけないんだ」と反発を買ってしまうのがおちです。

では、どうしたら人の視点を〝向こう側〟に移せるかというと、それには**ひたすらその相手についての質問をする**ことです。そうした質問に答えていくことで、人ははじめて相手の目を通して世界を見ることが可能になります。

「売上を上げろ！って怒鳴られたあと、その営業マンはどんなことを考えながら見こみ客のところへ向かうと思いますか？」

「彼は家で子どもと遊んでいるときはどんな表情をするんでしょうね」

「彼が子どもの頃の夢ってなんだったと思います?」

こんな質問に対する答えを探そうとする過程で、人は相手に対する自分自身の行動を客観的にとらえはじめ、新たな行動の糸口をつかみます。

もし今あなた自身が誰かとの関係で煮詰まっていたら、その人に関するたくさんの質問をつくって自分に問いかけてみてください。「ふうっ」と肩の力が抜けるまで。

POINT

相手の立場に立って考えるには、
相手に関する質問を自分自身にたくさん問いかける

部下の立場になって質問に答えてみよう

1. 一番大切にしているものはなにか？
2. 今、一番自信のあることはなにか？
3. 人生で一番の楽しみはなにか？
4. 自分はどんな性格だと思っているか？

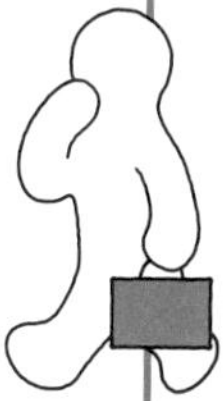

5. 子どもの頃、得意だったことはなにか？
6. モチベーションを高めるためになにをしているか？

7. プライベートな心配事はないか？
8. 日頃、家族にはどう接しているか？
9. 自分の仕事ぶりに満足しているか？
10. 朝、どんな気分で出社しているか？

11. 客先に向かうとき、どんなことを考えているか？
12. 職場での人間関係に満足しているか？

11

SKILL

〝究極の質問〟をつくってみる

〝火事場の馬鹿力〟といいます。ご存知のように、人間追いこまれるととんでもない力が出るということのたとえです。

原稿を書いていてもそうです。締切までまだ1週間あるなどというときは、なかなかいい考えが思い浮かばないのに、どうしてもあと1時間で仕上げなければ連載を一度お休みにせざるを得ないという状況に追いこまれると、いきなり〝電球〟がついたりします。

あなたにもそんな経験はないでしょうか？

この〝ぎりぎり〟の状態をイメージの中に意図的につくり出し、答えを引き出そうとするのが〝究極の質問〟です。

友だち同士でよく冗談に「もし命があと24時間しかないとしたらなにをする?」ときいたりする、あれです。

究極の質問の公式は基本的にこうです。

「もしあと○時間(相手が「ぎりぎり」のところに追いこまれると感じる時間の長さであればなんでも)でその問題を解決しなければ(目標を達成しなければ)あなたにとって大切なことが失われるとしたら、どんな行動をとりますか?」

たとえば営業成績が伸び悩んで煮詰まっている同僚に、

「もしきみがこの1日で1件とってこないと、給料が半額になるとしたら、まずなにをする?」

究極の質問を受けると、たとえそれに対して、その瞬間現実的な解答が思い浮かばないとしても、なんとなく〝視野が広がる感じ〟があるものです。

まずは自分に試してみてください。今の自分に対して与えられる究極の質問はなんですか。ひとつだけでなく、たくさん質問をつくってみてください。

それらへの答えを真剣に探そうとすると、どんな変化が自分の中に起きますか？

もちろん実際に行動に移せるアイデアが浮かんだら、すぐ実行です。

そして究極の質問作成のこつをつかんだら、次にぜひ、煮詰まっている周りの人にトライしてみてください。

POINT

究極の質問で自分や相手を追いこむことで、視野を広げ、新たなアイデアを見つける

たとえばこんなギリギリの質問を

時間にルーズな部下に

大切な契約に向かう途中、
電車が事故で止まってしまった。
1分でも遅刻したら契約は破棄され、
あなたは解雇される。
そういう局面でどうしますか？

勉強をする気にならない受験生に

6ヵ月後の入学試験が、
ある事情によって1ヵ月後に
行われることになったとしたら、
まず、なにをする？
（志望校の変更は許されないものとする）

ダイエットに何度も挫折している人に

現在70kgの体重を、
1ヵ月以内に65kgまで落とさなければ
重大な病気になってしまうなら、
どのような行動をとる？

SKILL 12

チャンク・アップ かたまりにする

〈望んでいる状態（目標）＝現在の状態＋行動〉

これがコーチングをするときの基本公式です。

まず〝望んでいる状態〟をきく。

最初は漠然とした答えが返ってくるでしょうから、前に紹介したチャンク・ダウンというスキルによって、より具体的にしていきます。

具体的になればなるほど、すなわち望んでいる状態が細部にまでわたってはっきりすればするほど、未来は魅力的になります。

次に〝現在の状態〟をきく。

やはりここでもチャンク・ダウンによって、より具体的に現在なにが起きているのかをとらえていきます。

そして最後にまたチャンク・ダウンによって行動を一緒に見つけ出していきます。

いつ、どこで、誰と、なにを、どのようにするのか、その行動が明確にイメージできるまで詳細にきいていきます。このように3つのパートにおいて、前に述べた〝かたまりをほぐす〟という技が威力を発揮します。

これに〝かたまりにする〟という技が加わると、さらにコーチングは強力になります。

チャンク・ダウンに対して、〝かたまりにする〟ことを**チャンク・アップ**と呼びます。

チャンク・アップはチャンク・ダウンと反対で、いくつかの小さなものを大きなかたまりにまとめあげること。具体的なものの集まりから、抽象的な概念を抽出することをいいます。

チャンク・アップは2つのパートで主に使います。ひとつは〝望んでいる状態〟で、もうひとつは〝行動〟です。

望んでいる状態が具体的になったあと、それをもう一度短い言葉にまとめあげるために相手に問いかけます。

「一言にまとめると、どういう状態を達成したいということなんだろう?」

とるべき行動がいくつか詳細に決まったら、やはり問いかけます。

「やることが3つ決まったけど、その3つを確実に実行に移すために、いつも持ち歩ける、支えになるような言葉はないかな?」

相手が自分の言葉でかたまりをつくるのをサポートしてあげてみてください。ずっと先まで相手が〝行動〟を継続し、〝望んでいる状態〟を心の中に持ち続けられるように。

POINT

〝望んでいる状態〟や〝目標達成への行動〟を一言でまとめあげてみる

チャック・アップ＝抽象的概念を抽出する

[望んでいる状態]

部下に信頼される
上司

Chunk UP

うそを つかない	いざというとき 責任をとる	ブレない。 一貫性がある

[行動]

顧客に信頼される
営業マン

Chunk UP

相手の話を よくきく	改善を くり返す	約束を 守る

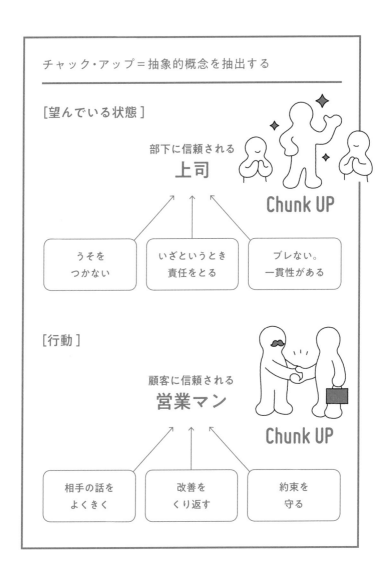

SKILL 15
〝あいづち〟を
意識して磨く

SKILL 16
正直に
自分の気持ちを話す

相手と信頼関係を築く

SKILL 19
相手の強みを
活かす

SKILL 20
アクノレッジメント
〝I〟の立場でほめる

SKILL 21
リクエスト
相手の望みをきく

LESSON 02

SKILL 13
〝出会いの一言〟に
新しさをこめる

SKILL 14
オウム返し
同じ言葉を繰り返す

SKILL 17
相手のタイプを
見極める

SKILL 18
〝4つのタイプ〟
を知る

13
SKILL

〝出会いの一言〟に新しさをこめる

あなたは職場の廊下などで誰かに出会ったとき、どんな一言を投げかけることが多いですか。

「こんにちは」「おはよう」などのあいさつ。

「どこへ行くの」「調子どう」といった質問。

あるいは「おしゃれなネクタイだね」「顔色悪いね」などのフィードバック。

そしてそれを、どんなスタンスに立って相手に届けていますか。

相手を気持ちよくしようとして？

自分の存在をアピールしようとして？

それとも相手を突き放そうとして？

コーチはクライアントから電話がかかってきたとき、最上の声とトーンとボリュームで、たとえば「お待ちしていました」といいます。

その一言でクライアントを安心させ、セッションがまた今日もかけがえのないものになるであろうことをクライアントに予感させます。

また、ふだんの生活の中では、通りがかりの一言で周囲の人間と十分な信頼関係を築いていきます。柔和な目でしっかり相手を見て「髪の毛切ったね」。相手の外見上の変化を見逃しはしません。

「先週、新しい仕事とったんだってね」など相手の達成したことをはっきりと口にします。

「昨日、巨人勝ったね」相手の好きなチームをちゃんと覚えています。

もちろん、家族に対しても、家族だからこそ、出会ったときの一言を軽快で相手に受けとりやすいものにします。

「おかえり」「おはよう」「もしもし」何百回、何千回と同じ人との間で交わされる同じ言葉に、それでも〝新しさ〟をこめようとします。

コーチはゆっくり腰を落ち着けて、相手と顔を突き合わせ、それから「よし、じゃあここらでそろそろ関係をつくるか」などということはしません。

〝人を活かす〟という大命題を持ったコーチは、**セッションがはじまってから、職場や家で誰かと向かい合ってから、関係構築に着手するのではもう遅すぎる**ことを知っています。

いかに〝出会いがしらの一言〟で人との関係がつくられているか、それが自分がどれだけコーチとして成長しているかを示す、ひとつの指標となるのです。

POINT

信頼関係の構築からコーチングはスタートする。
日頃の一言で、相手との関係をつくる

「ふだんの一言」の積み重ねが信頼を築く

[相手の変化に気づく]

髪の毛
切ったね

[相手の行動に注目している]

先週
新しい仕事
とったんだってね

[相手の趣味を覚えている]

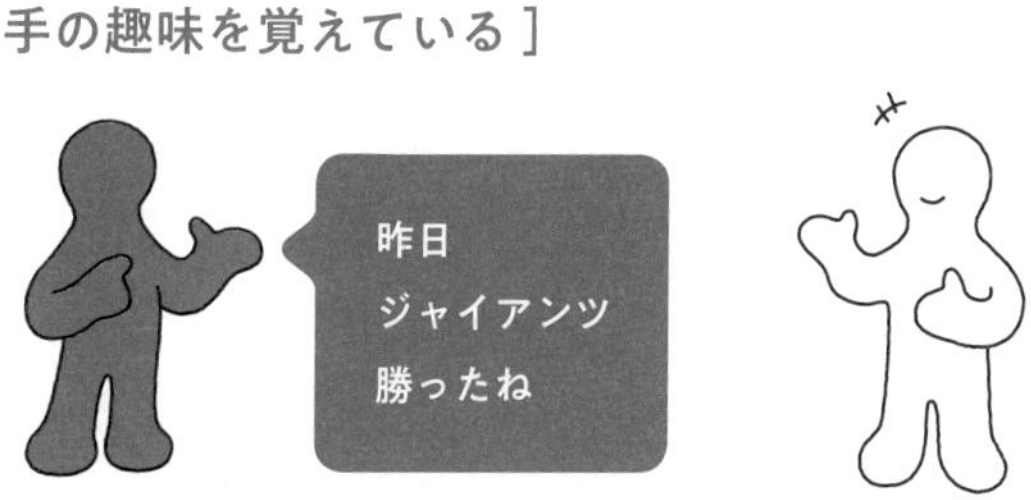
昨日
ジャイアンツ
勝ったね

SKILL 14

オウム返し 同じ言葉を繰り返す

同僚の男性Sさんの話です。

6歳になる娘さんが風邪をこじらせてしまい、入院しなければならなくなりました。生まれて初めて体験するひとりきりの夜です。

「入院したくないよ」「お家に帰りたいよ」と彼女はいやがりました。

泣きわめく彼女にSさんは一生懸命説得を試みました。

「一晩だけだから」「怖くないよ」

最初はやさしく、しかしそのうち彼女がいつまでも泣きやまないので

「いうことをききなさい」「1日で帰れるんだから、がまんしなさい」

とつい声を荒げてしまったそうです。

彼女は説得されるどころか一層激しく泣いてしまいました。

どうしたものかと途方に暮れはじめたとき、Sさんはふっと思い立って彼女の言葉をただ同じように繰り返しはじめました。

「入院するのやだよ」

「やだよね」

「お家帰りたいよ」

「帰りたいよね」

2分くらい繰り返していたそうです。すると彼女がぽつっといいました。

「お父さん、入院する」

コーチングの基本的な哲学は〝**安心感で人を動かす**〟というものです。アメやムチで相手を動機づけるのではなく、安心感をおたがいの関係の中につくり出し、それを相手が行動を起こすための土壌とします。

相手に安心感を与える非常に強力な方法が〝同じ言葉を繰り返す〟ことです。語尾だけを繰り返してもよいし、あるいは「そうだよね」などの文で置き換えてもかまいません。

〝同じ言葉を繰り返す〟ことは、相手の意見に賛成するということではありません。**相手が今そういう状態にあることを認める**ということです。

だから逆に、同じ言葉が繰り返されないことが長く続くと、人は今ここでの自分のあり方に対して漠然とした不安を持つようになります。「このままでいいのだろうか」と。

そのようにはっきりと言葉にならないまでも、妙にいらついたり、怒りっぽくなったりします。

だまされたと思って同じ言葉を繰り返してみてください。

部下が「最近ちょっと疲れ気味なんです」といったら「疲れてるんだな」と。そのあとでも遅くないはずです。「もうちょっとがんばってくれよ」というのは。

POINT

相手の言葉を繰り返すことで安心感が生まれる

オウム返しは安心感を生み出す

SKILL 15

〝あいづち〟を意識して磨く

ある雑誌のインタビューに電話で答えていたときのことです。

その女性の記者は、鋭い質問を畳みかけるように浴びせてきました。質問だけをとり出せば、とてもクリエイティブな問いかけで、答えるのがワクワクするようなものばかりでした。

ところが彼女はとにかくあいづちが下手。こっちがいったことに対して「はあ」とか「ふ〜ん」とか返してくる。トーンも「ぜひあなたの話をききたい！」というよりは「まあとりあえず話してよ」という感じ。

間のとり方も早すぎたり遅すぎたりと最悪。こっちは「あっ、面白い質問だな」と思って意気揚々と答えはじめるわけですが、「はあ」ひとつで急に気持ちが萎えてしまう。思わず電話を切りたくなってしまったくらいです。

これではせっかくの質問も台無しです。

彼女には電話インタビューの前に会ったことがあり、決して〝いやなヤツ〟ではありません。でもあいづちはまさに〝いやなヤツ〟のそれであり、それがすべて無意識に出てしまっているわけです。本人は、自分のあいづちが相手を話しにくくしているなんて、夢にも思っていないでしょう。

あなたはふだんどのくらい意識してあいづちを打っていますか。

- **あいづちを打つときの声のトーン**
- **声の大きさ**
- **顔の表情**
- **タイミング**
- **言葉それ自体の選択**（うんうん、はいはい、へ～等々）

あいづちひとつで、人はたくさん話してみようとも思えば、話す気をなくしてしまうこともあります。

先の記者とは反対に、絶妙なあいづちを打つことで得をしているのが友人のAさんです。彼女と話していると、ずっと話をしていてもいいんだという気にさせられます。

声のトーン、大きさ、間、どれをとっても本当に絶妙です。彼女と話していると、人に話してもらうためには、あいづちさえあればいいんじゃないかと思えるくらいです。

あいづちはほとんど無意識のうちに打っています。だから、まずは**自分がどんなあいづちを打っているか、客観的な情報に触れてみてください。**

テープにとるもよし、人に「私のあいづちって人を話す気にさせてる？」ときくのもよし。ちょっとした驚きがあると思います。

POINT

声のトーンや大きさ、タイミング、顔の表情を意識してあいづちを磨く

どちらの人と話したいですか？

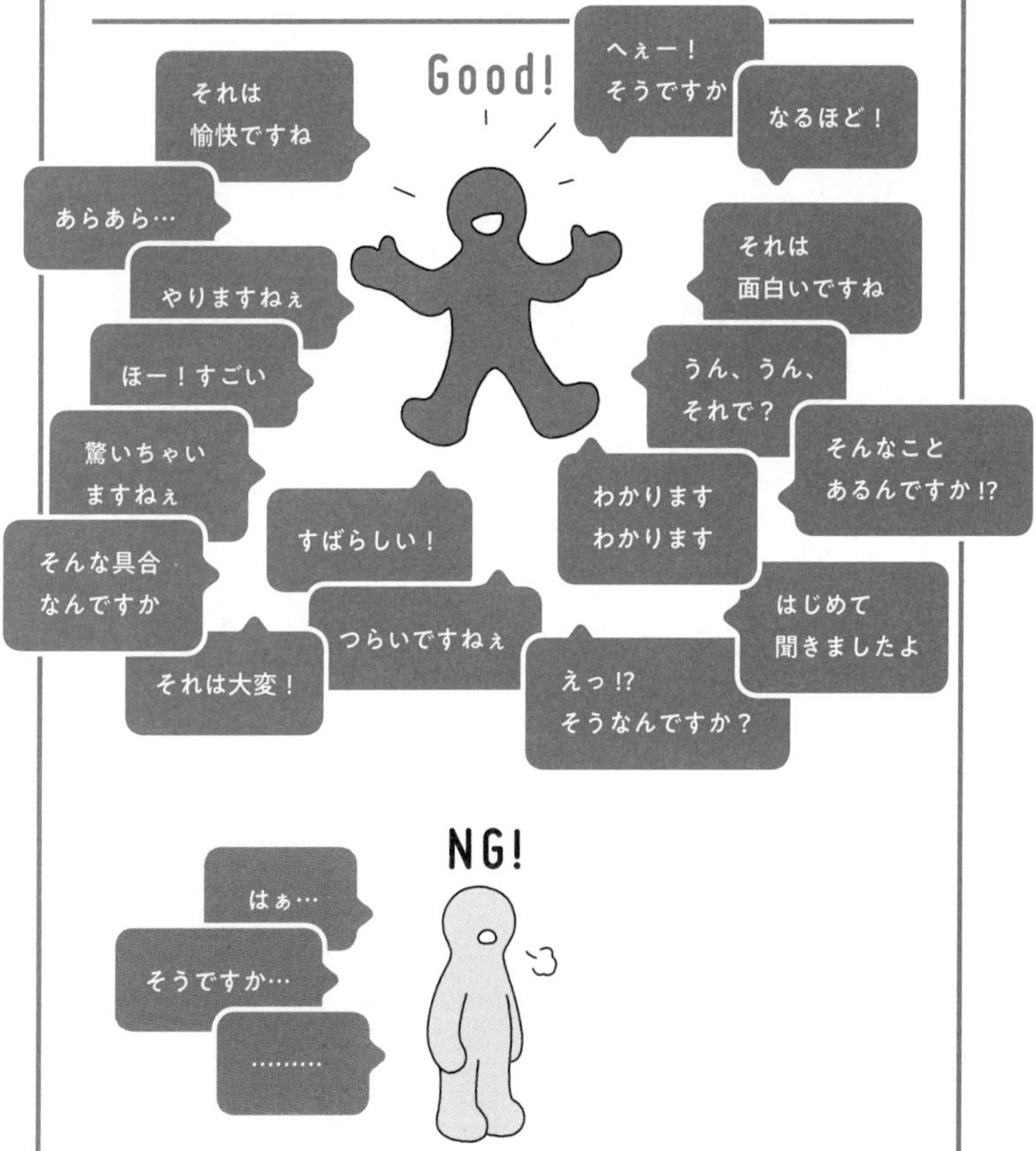

同じあいづちでも、声のトーンや顔の表情、
タイミングによって、効果は正反対になることも……

16

SKILL

正直に自分の気持ちを話す

『議論に絶対負けない法』（三笠書房）という本を書いたゲーリー・スペンスというアメリカの弁護士がいます。

彼はその本が出版された時点では、何百という依頼人の弁護に立ち、一度も負けたことがありません。しかも、あの裁判王国アメリカで、です。

しかし、彼は決して自分は雄弁ではないといいます。

陪審員の前に立って「連戦連勝を続けるこの弁護士は、一体どんな話をするのだろう」と好奇の目にさらされたときに、毎回毎回、逃げ出したくなるような不安な気持ちを、正直に彼らに伝えるだけだというのです。

そうすることで自分は信頼を獲得するのだと。

人を育成しようと思ったら、相手から信頼される必要があります。そのとき、とても大事なキーになるのが、相手に自分の気持ちを伝えていくということです。

上司は、自分の気持ちをどんどん部下に伝えたほうがいい。

「弱みを見せるようなことはできない！」と思うかもしれませんが、**人が人に対して防衛を解くのは、なによりも相手の気持ちに触れたとき**だからです。

先日、ある外資系コンサルティング会社のコンサルタントの方々に、コーチングを教えていました。その中で同じ人（Aさん）の同じ目標に対して2人（SさんとTさん）が続けてコーチングをするという場面がありました。

質問の切れ味からするとSさんもTさんも大差はないのですが、なぜかAさんはTさんの質問に対して、ずっとたくさんのことを答えました。

Tさんが Sさんと著しく違ったのは、Tさんは相手がなにかいうたびに〝それに対する自分の気持ちをはさみこんでいた〟ということです。

「いいですねえ、僕までうれしくなりますよ」

「そんなことあるんですか、驚いちゃうな」

Aさんがいいました。「Tさんて、話させるのがうまいですね」。受けた質問自体はなんら差がないのに。

人の話をきくときに、自分の内側に意識を向けてみてください。そこになんらかの〝反応〟を見つけたら、ぜひそれを言葉にして相手に伝えてみてください。

予想以上に相手は乗って話をしてくれると思います。

POINT

相手の言葉をきいて、感じたことを素直に相手に伝えてみる

相手の気持ちに触れたとき、人は防衛を解く

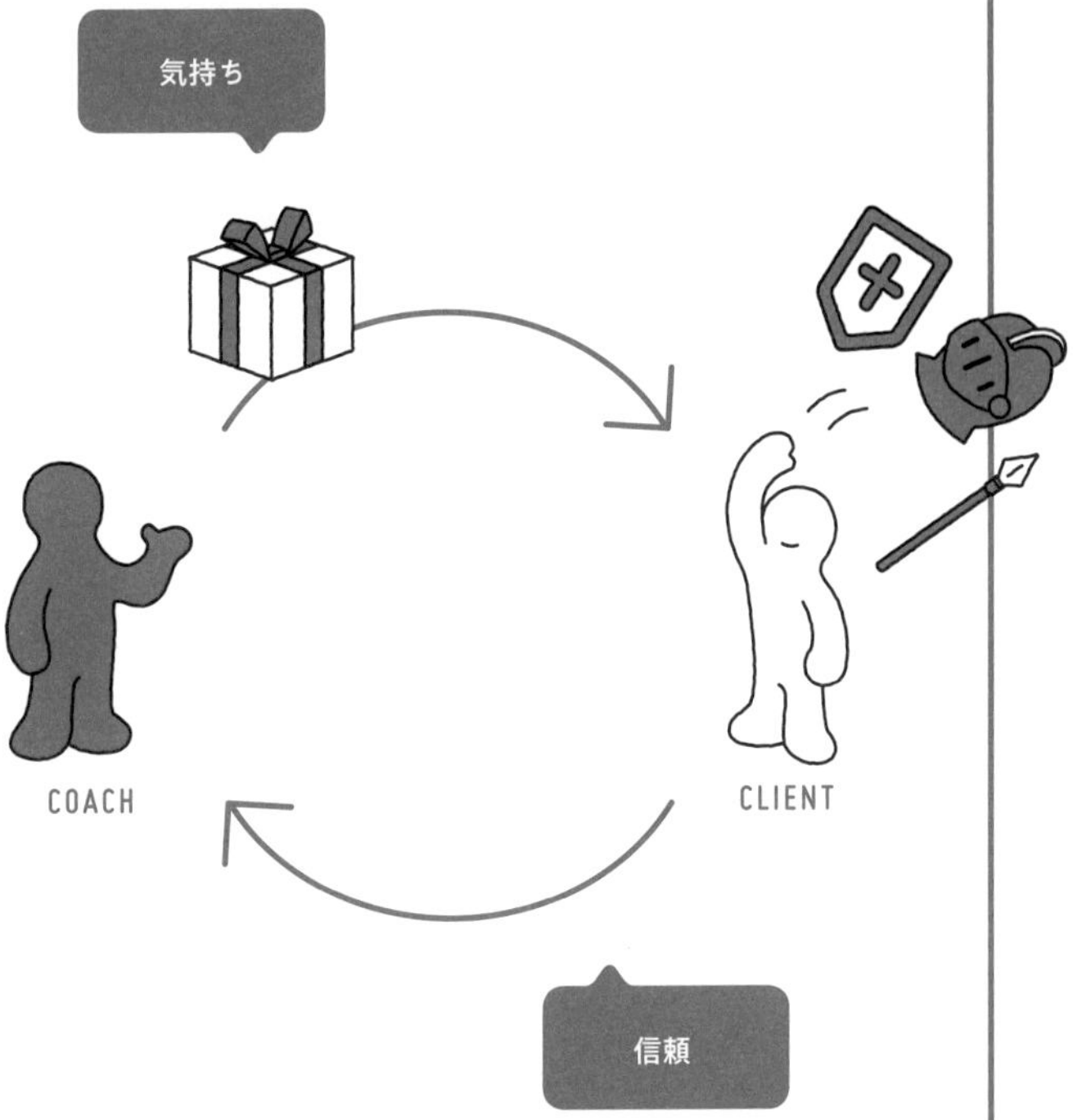

SKILL 17

相手のタイプを見極める

学校時代や、今の職場で、あなたにとっての苦手な人は、どんな人ですか？

時間や場所を超えて、そのタイプには一貫性がありますか？

あるとすれば、なにを苦手と感じていたのでしょうか？


人は自発性に基づいて行動するとき、楽しさを体験します。

それがなにであれ、自分で「よし、やろう！」と思ったことをやっているときが、いちばん生き生きしているわけです。

ところが、あなたが苦手と感じる人は、往々にしてあなたが自発的に行動を選択するのを妨害する人です。

たとえばあなたが、じっくり物事を観察し、それに関するデータを集め、小さな達成をこつこつ積み上げていくことの中に楽しさを見出すようなタイプの人であれば、「まあ細かいことは気にしないで、とにかくやってみようよ」と性急な行動をうながす上司は、あなたに非常に大きな負荷を与えるかもしれません。

逆にあなたが、詳細なプランを立てる前に、まず実行してその真価を確かめようとするようなタイプだとすれば、事前のデータ収集と分析の強要は、あなたの行動から生彩を奪うかもしれません。

苦手なタイプの人が、あなたに強い影響を及ぼしうるポジションにいるほど、大きなストレスが発生します。

しかし考えてみると、その人があなたにとって苦手なタイプの人であったように、**ある人にとってはあなたが、まさに苦手なタイプの人である可能性があります。**

知らず知らずのうちに、相手の自発的な行動を阻んでいることはないでしょうか？

自分のオリジナルなアイデアをとにかく大事にするタイプの人に対して、頭ごなしにそのアイデアを否定したり、あるいは人をサポートする立場で最もその能力を発揮するタイプの人に対して、全体を統率するように強く求めてしまったり。

もし、あなたが今、誰かとの関係に煮詰まりを感じているとしたら、その人はどんなタイプで、どう関われば新たなインターフェイス（接点）を持ち、自発的な行動をうながすことができるでしょうか。一度じっくり考えてみる価値はあると思います。

POINT

〝人はそれぞれ違う〟という前提で相手を理解し、個別対応で、接し方を変える

自発的な行動をうながす要因は、人それぞれ

Let's Start!
さあはじめよう！
まかせてほしいタイプ
まかせてくれるならやりましょう！
新しいことが好きなタイプ
いいですね！とにかくやってみましょう
しっかり情報を知りたいタイプ
なぜ？いつから？どういう理由で？
指示を元に行動したいタイプ
はい、わかりました

相手のタイプによって反応は異なる。
相手に応じてアプローチの仕方を変えてみよう

SKILL 18
"4つのタイプ"を知る

コーチングでは、主として対人関係上の特徴を切り口に、人をコントローラー、プロモーター、アナライザー、サポーターの4つのタイプに分けています。

1 コントローラー・タイプ

行動的で、自分が思った通りに物事を進めることを好む。他人から指図されるのをなによりも嫌う。物言いは単刀直入、時に他人から攻撃的であるといわれることもある。

このタイプの人に対しては、こちら側でコントロールしないようにすることが大切。話をするときは結論から、そして相手の攻撃性に惑わされないようにする必要がある。

2 プロモーター・タイプ

自分のオリジナルなアイデアを大切にし、人と一緒に活気のあることをするのを好む。自分ではよく話すが、人の話はあまりきかない。

自分のアイデアに対して非常な自信を持っているため、それを却下するような否定的なアプローチをしないことが重要。独創性を発揮できる自由な環境を与えることが、能力を発揮することにつながる。

3 アナライザー・タイプ

行動に際して多くの情報を集め、分析し、計画を立てる。物事を客観的にとらえるのが得意で、小さな達成をこつこつと積み上げていく。大きな変化を要求せず、彼らの変化のペースに歩調を合わせることが大切。

人と関わるときも彼らは慎重で、あまり感情を外側に表さない。むりやり自分の気持ちをいうように仕向けるのは逆効果。

4 サポーター・タイプ

他人を援助するのを好み、協力関係を大事にする。周りの人の気持ちの変化に敏感で、気配り上手。自分がしたことを認められたいという欲求が強いので、十分な評価を与える必要がある。

一方で彼らは周囲の期待に応えようとするあまり、自分本来の願望を見失うことがある。なにを望んでいるのかきいてあげると、信頼関係が深まる。

タイプ分けは「あの人はこのタイプだからこう関わればいい」といった、マニュアル化のためのものではありません。自分のタイプをまず知り、いろいろなタイプの人とどう関われば、おたがいのいい部分を最大限に活用できるかを考えてみましょう。

POINT

自分と相手のタイプを知って、おたがいのいい部分を活かし、可能性を広げる

相手のいい部分を活かすには？

① **コントローラー・タイプ**

こちらから
コントロールしない

② **プロモーター・タイプ**

自由な環境を
与える

③ **アナライザー・タイプ**

ペースを
合わせる

④ **サポーター・タイプ**

十分に
評価を与える

19

SKILL

相手の強みを活かす

スポーツの世界で「名選手、名コーチにあらず」とよくいいます。

名選手が名コーチになりにくいひとつの理由は、どうしても自分のやり方を後進の選手たちが受け継ぐことを求めがちになってしまうところにあります。現役時代あまりよい成績を残せなかったコーチのほうが、自分のやり方にこだわりを持たない分だけ、選手個々に合わせた育成方法を考え出したりします。

ビジネスの世界でも、上司は自分がかつて成功を遂げたやり方を部下に強要しがちです。

先日、ある外資系の生命保険会社の営業所長をコーチングしていたときのことです。なかなか売上の伸びないYさんにどう関わっていったらよいかがそのときのテーマでした。

所長いわく、

「やっぱりね、最終的にはどれだけ自分の熱い想いをお客さんに伝えられるかだと思うんですよ。あいつはどうもそこのところが弱いんですね。自分自身の壁を崩せないんですよ」

〝熱く〟保険を売るのは所長のやり方です。それが必ずしもYさんが目指すべき営業マンのあり方であるとは限りません。

タイプでいうと所長はプロモーター、Yさんはどうやらアナライザーのようでした。アナライザーは分析力に優れ、論理的に話を進めていくのは得意ですが、感情を表現したり〝ノリ〟で相手を巻きこんでいくようなことはあまり得意ではありません。

そのアナライザーに「保険は想いで売るものだ！」と一喝するのは、英国紳士に情熱的なイタリア人のように生きろというようなものです。なかなか難しい。Yさんはアナライザーとしての自分の強みを活かした営業を志すべきでしょう。

タイプ分けは相手の強みを知り、どのポイントを中心に彼らを伸ばしてあげればいいかを理解する切り口を与えてくれます。

前項〝4つのタイプ〟をもう一度読んで、英国紳士にイタリア人になれと口を酸っぱくしていっていないかどうか確認してみてください。

そして、英国紳士は英国紳士らしく、イタリア人はイタリア人らしく振る舞って業績を上げるためには、どのようにコーチングしたらいいのかを考えてみてください。

POINT

自分のやり方を相手に強要せず、個別対応で相手の強みを見つけて伸ばす

自分のやり方を押しつけない

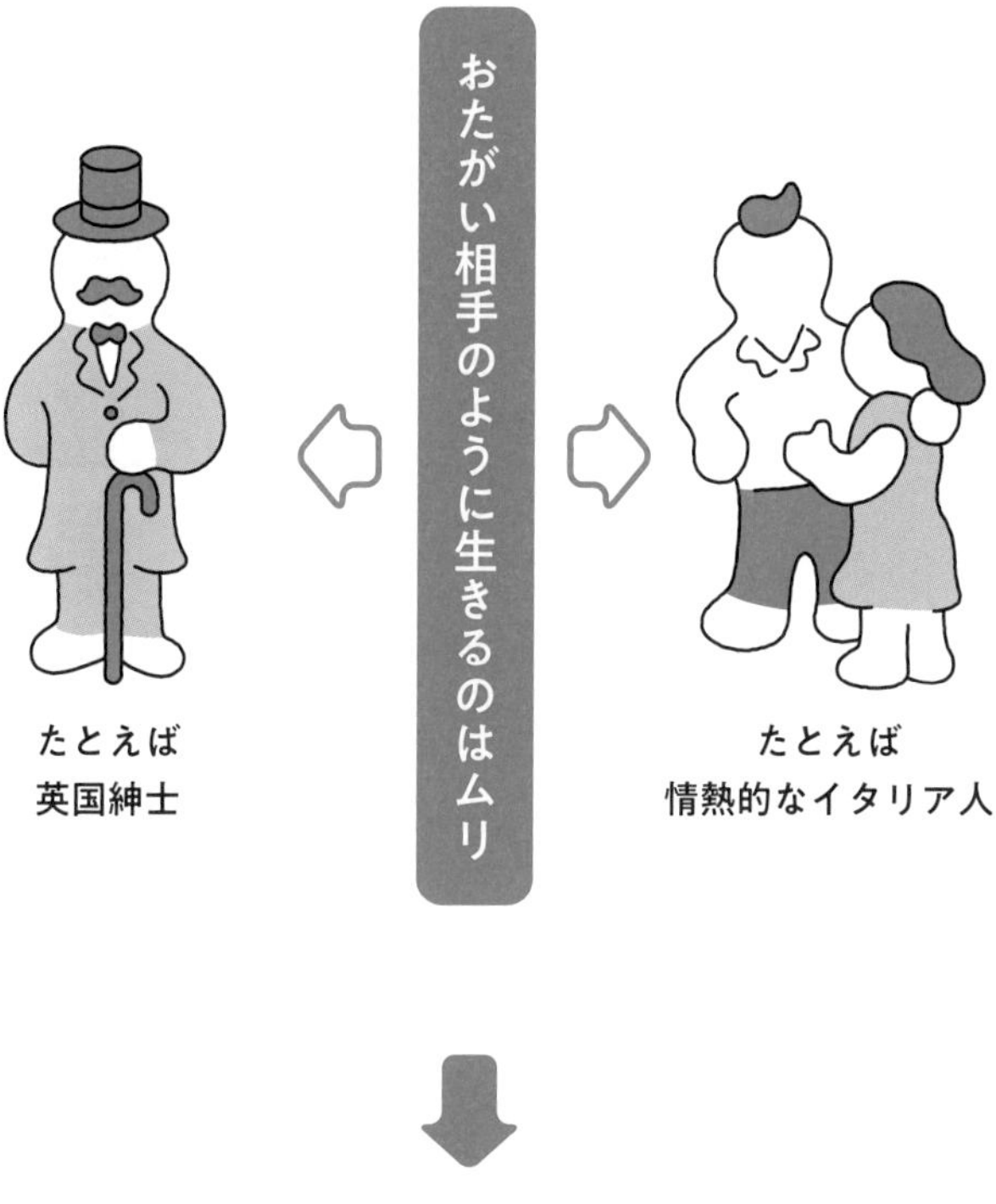
おたがい相手のように生きるのはムリ
たとえば
英国紳士
たとえば
情熱的なイタリア人

その人のタイプと個性を活かして
伸ばすことが大切

20 SKILL
アクノレッジメント"I《アイ》"の立場でほめる

あなたには、思い出に残るほめ言葉がありますか？

自分の両親や夫、妻、あるいは子どもからの言葉。先生や友人、上司からの言葉もあるでしょう。

それは、どういう言葉で、なぜその言葉は、他にもたくさん受けたはずのほめ言葉の中で傑出して頭に残っているのでしょうか？

コーチングでは、相手をほめたり承認したりすることをアクノレッジメントといいます。

アクノレッジメントは、それをどういうスタンスに立って相手に伝えるかによって、大きく2つの種類に分かれます。

ひとつは〝You〟のスタンスで相手を承認するもの。

「よくやった!」「やればできるじゃないか」「優秀だね」

つまり「あなたはこうだ」と相手に伝えることです。もちろん、こういった承認を受ければ決していやな気はしません。しかし一方でこのタイプの承認には、それ自体が評価ととらえられてしまう可能性があります。

受け手があなたのことを尊敬していて、自分のことを評価するに値する人だと思っていれば話は別ですが、そうでない場合、このタイプの承認は受けとりにくいものになるかもしれません。

このような承認を受けたとき、つい「そうでもないですけど」なんていう言葉が口をついたりしませんか?

その言葉はどのくらいストレートに自分の中に入ってくるでしょうか?

2つ目のタイプは、相手が自分に対してどういう影響を与えたのかを言葉にするもの。つまり〝You〟ではなく〝I〟の立場。

「きみががんばっているのを見ていると、僕もやる気が高まるよ」

「今日のきみのプレゼンは安心して見ていられたよ」

このタイプの承認は相手の中にストンと落ちます。**こちらはそう思っているのですから、それは否定のしようがない**わけです。そして、いわれると、とてもうれしいものなのです。

あなたの歴史に残るほめ言葉も、多くはこのタイプではないでしょうか？ 「信頼してるよ」「任せたよ」などもこのタイプです。

〝You〟の立場で誰かを承認しようと思ったら、ちょっと立ち止まってそれを〝I〟の立場の承認に変えてみてください。相手の反応は、驚くほど違うと思います。

POINT

相手を評価するのではなく、
自分がどう感じたかをほめ言葉にする

大谷翔平選手がもしこういわれたら……

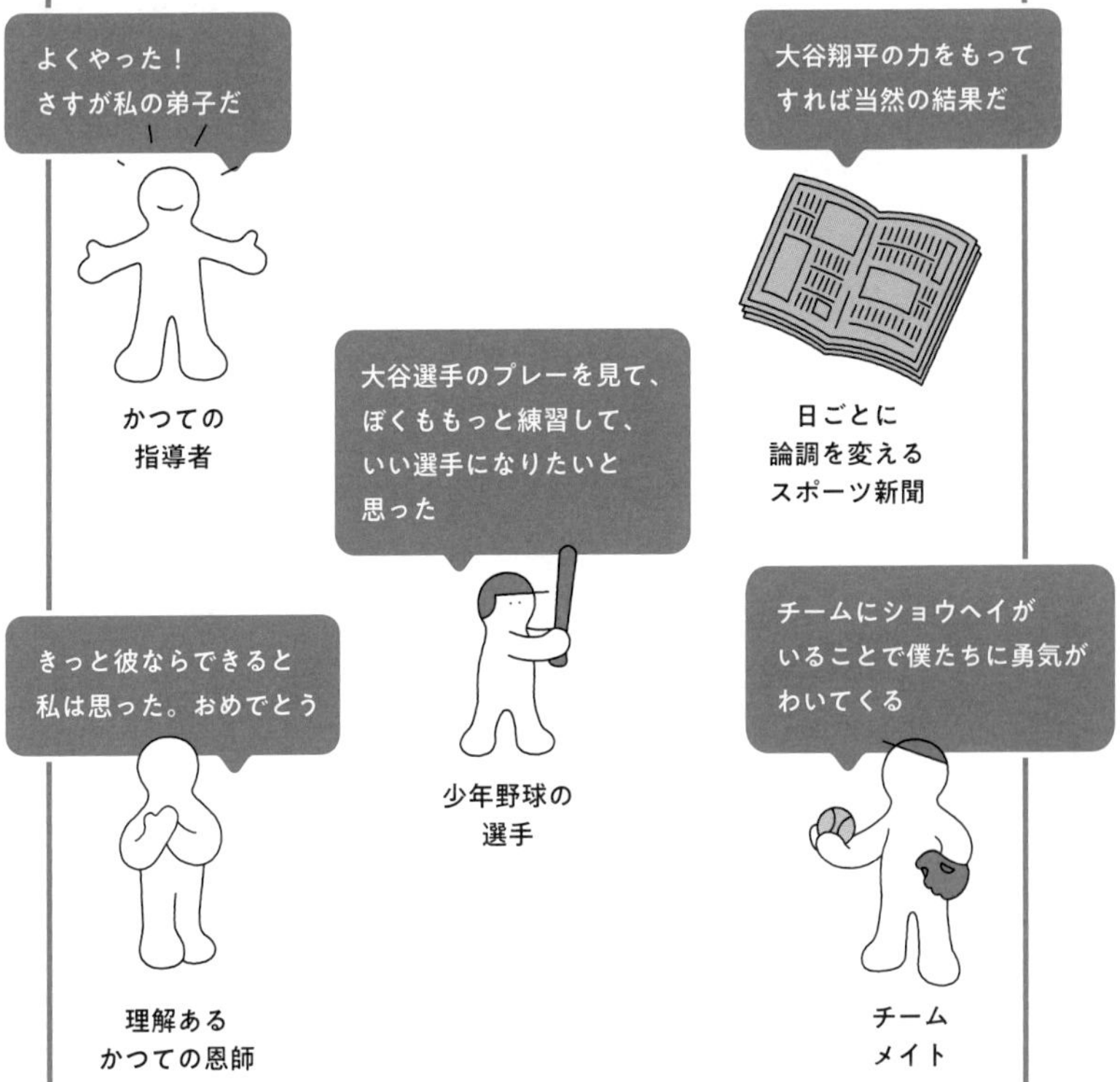
よくやった！
さすが私の弟子だ
かつての
指導者
大谷翔平の力をもって
すれば当然の結果だ
日ごとに
論調を変える
スポーツ新聞
大谷選手のプレーを見て、
ぼくももっと練習して、
いい選手になりたいと
思った
少年野球の
選手
きっと彼ならできると
私は思った。おめでとう
理解ある
かつての恩師
チームにショウヘイが
いることで僕たちに勇気が
わいてくる
チーム
メイト

どの言葉も「ほめ言葉」です。
けれど、みな同じように受けとれるかというと、
そうでないことがおわかりになりますね

21

SKILL

リクエスト
相手の望みをきく

コーチ・トレーニング・プログラムに参加して間もないSさんと話していたときのことです。Sさんがすでにクライアントを4人持っているというので「やっていてどうですか？」と感想をきくと、Sさんが少し緊張した顔でこう答えました。

「責任ありますからね。成果を必ずあげてもらうようにがんばってます」

その生真面目すぎる物言いにちょっと心配になって「4人全員がそんなに早く成果をあげなくちゃいけないんですか？」とたずねると、きょとんとした顔をしていいました。

「えっ？　当然ですよ。コーチングですもの」

コーチングをはじめたばかりの新米コーチが犯してしまうミスのひとつが、すべてのクライアントに対して、同じスタイルのコーチングを強要してしまうことです。Sさんの場合であれば、4人のクライアント全員に強く結果を求めるようなコーチングをしていることが容易に想像されます。

もちろんSさんがいうようにコーチングの大目的はクライアントの目標達成にあります。

しかし、**目標達成に向けてどのようなサポートを必要としているかはクライアントそれぞれ違うし、クライアントのそのときの状態によっても変わります。**

ただ励ましてほしいとき、
鋭く突っこんでほしいとき、
笑い話で盛り上がりたいとき……。

経験を積めば、コーチの側でクライアントがなにを欲しているかだいたいは察知することができるようになりますが、それでも迷うときは多いものです。

だからクライアントのリクエストをきくことが大事になります。

「今日はどんなコーチングをしたらいいでしょう？」

思い切ってクライアントにきいてしまうんです。

職場でも、どんなサポートを相手が欲しているのか迷ったら、いっそきいてみるのがよいと思います。

少なくとも「あいつのためだ」とあなたの思いこみで相手を苦しくさせてしまうよりはずっと〝あいつ〟のためになるでしょう。

POINT

迷っているなら、
相手がなにを欲しているかきいてみる

相手の望みをきいてみる

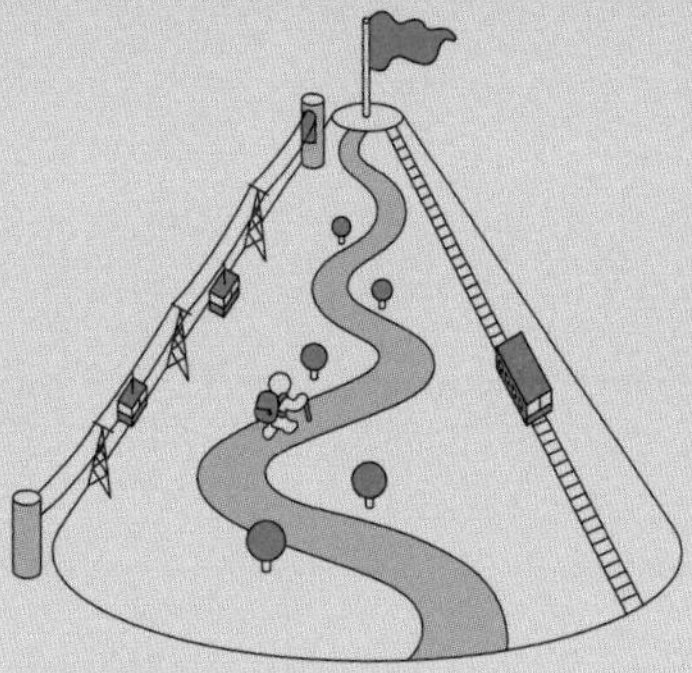

SKILL 26
魅力的な未来に
目を向ける

SKILL 25
価値に合う
行動を見つける

目標達成に目を向ける

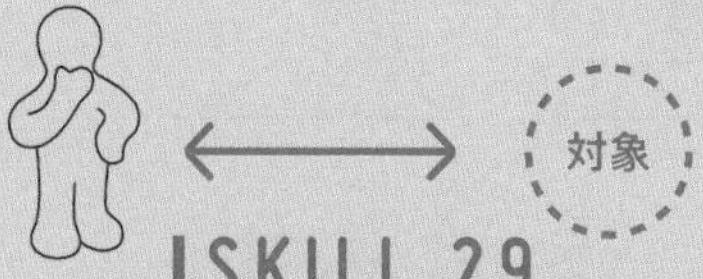

SKILL 29
苦手な対象について
30分話す

SKILL 30
10点満点で
今の状態を採点する

SKILL 31
チェックリストを
独自につくってみる

LESSON 03

SKILL 22
目標について
とことん話す

SKILL 23
not want
いやなことを30分話す

SKILL 24
視点を変える質問で
夢に気づかせる

SKILL 27
過去を振り返り
未来への素材を集める

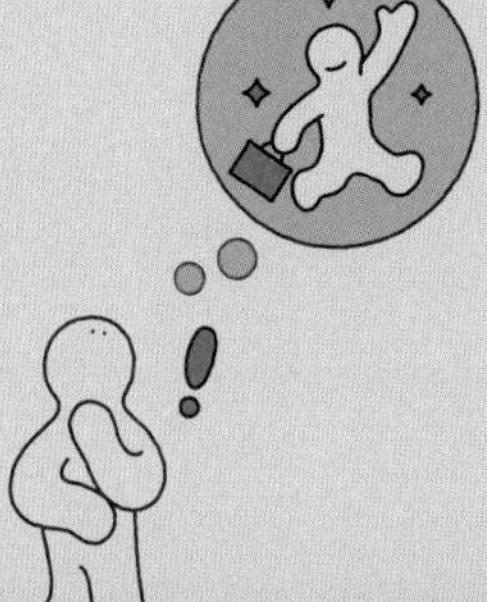

SKILL 28
行動の結果を
イメージする

SKILL 22 目標についてとことん話す

管理職の方に「部下とどんなコミュニケーションがとれたらいいですか?」とたずねると、圧倒的に多いのが「目標を達成するようなコミュニケーション」という答えです。

先日も、ある金融会社の支店長からこんな質問を受けました。

「どうすれば部下の中に〝本気で目標を達成してみよう〟という気を起こさせることができるでしょう」

「ふだんは目標を決めるとき、部下とどんな話をしているんですか」と私。

「数字を与えて、部下がちょっとでも〝無理だよ、そんなゴール〟という顔をしたら〝とにかくがんばれ、やってみなきゃわかんないだろ〟っていいます」

「それで目標が達成されなかったらどうするんですか」

「そのときは、本当にやる気があったのかと問い詰めます」

これではおたがいに苦しくなっていってしまいます。

かつて日本全体が右肩上がりで、がんばればなんとかなると思えた時代は、それでもよかったでしょう。家庭でも学校でも「がんばれ！」は魔法の言葉でした。

でも、時は流れたのです。時代が、ただなんとなくがんばったらどうなるのかを見せてくれるということはもうありません。

多くの若者は「目標を達成して、それで？」と思っています。

だから、目標を達成したら、それはどんな〝いいこと〟を自分にもたらしてくれるのかということも含めて、目標についてたくさん、あきるくらい誰かと話す必要があります。

そうしてはじめて、その人は目標というものに意識が集中し「やってみようか」と思うのです。

「目標を達成した瞬間のこと、イメージできる？」

「その目標を達成したら、次にはどんな目標を持つことができるかな？」

「目標に向かう過程で、どんなことを身につけるんだろう？」
「予想される障害にはどんなものがある？」

あなたが、上司という役割を担っているとしたら、考えられうる数多くの目標にまつわる質問をつくり出し、とにかく相手と目標についてたくさん話をしてみてください。決して無駄な時間にはならないと思います。

POINT

目標達成に向けて、「がんばれ」のかわりに目標に関する質問をたくさんする

“はげまし”から“目標についての会話”へ

[はげまし]

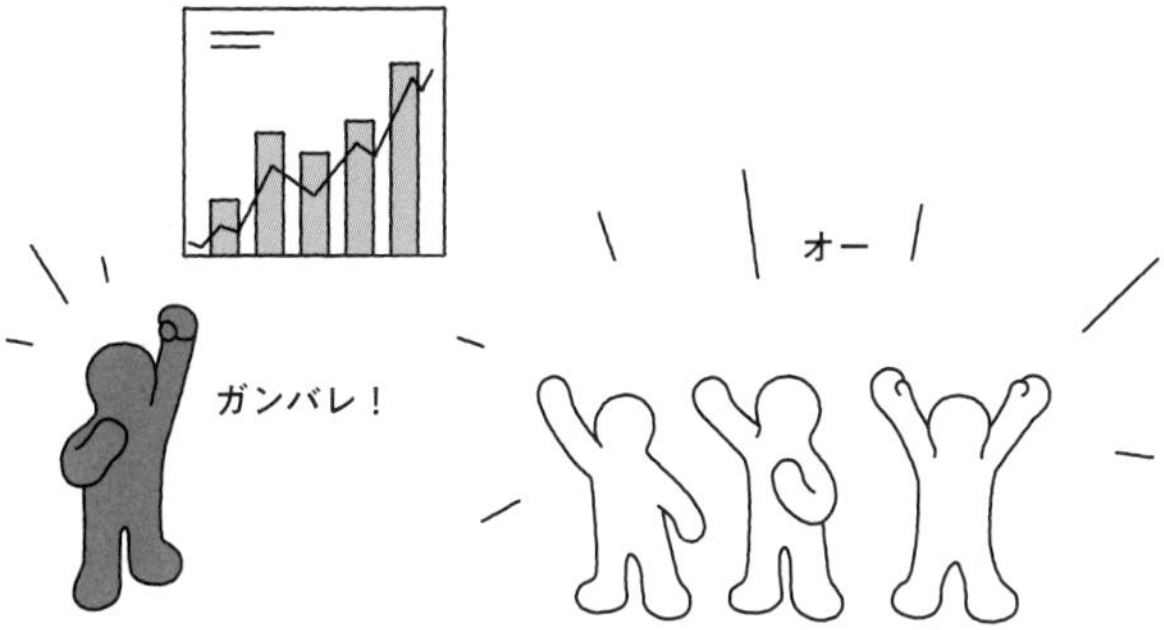

[目標についての会話]

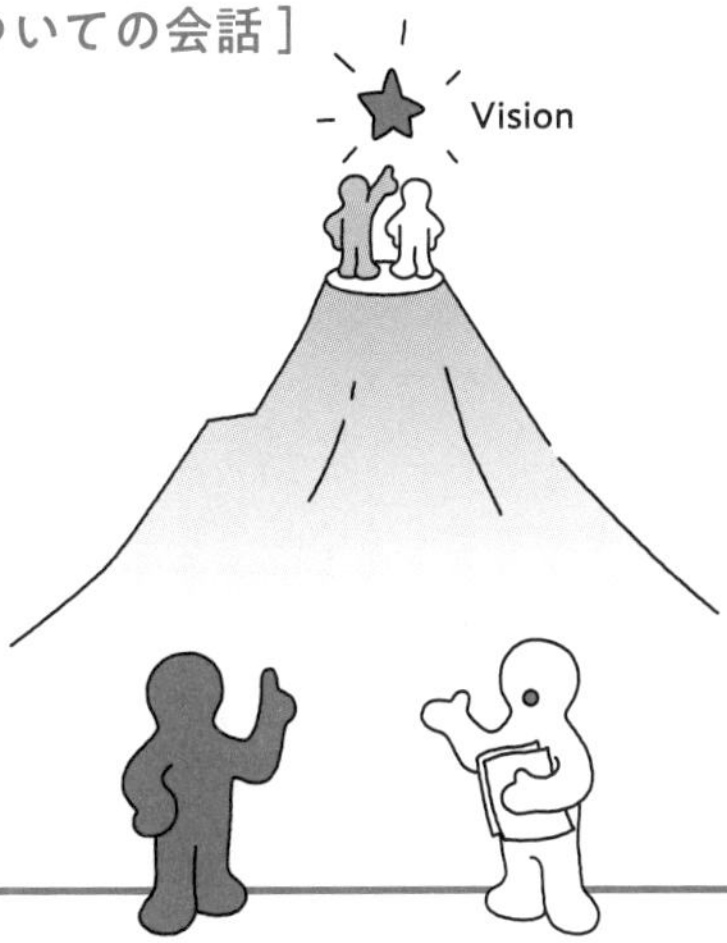

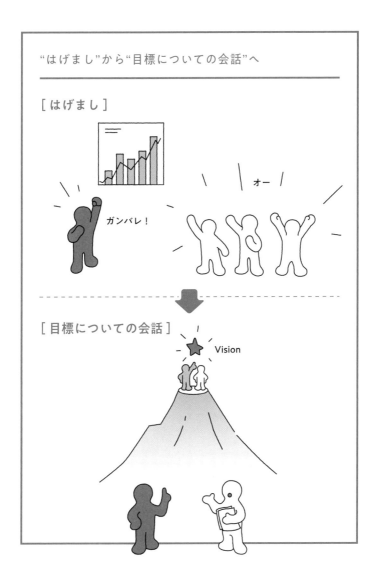

SKILL 23 not want いやなことを30分話す

コーチングの醍醐味は相手の〝want〟を一緒に探索することです。

〝have to〟でがんじがらめだった人が、コーチの「やってみたいことは何でしょうか?」の質問をきっかけに、自分の〝want〟に目を向ける。

「あ〜、これがやりたかったんだ」という相手の一言に、何度内側でガッツポーズをしたことでしょうか。

ですが、実は〝want〟を発見する旅は、そんなに安易な道のりではありません。

小学校の頃から、基本的には、お題を出され、問題を投げかけられ、それを解いてきた人が圧倒的に多いこの国です。

〝正しく問題を解くこと〟が大事であり〝自分なりの考えを表現すること〟はあまり重要視されない。アメリカと違って、子どもの頃から「あなたの意見は?」「あなたがやりたいことは?」「あなたはどう思う?」と頻繁に学校できかれるようなことはありません。

会社に入ってからも基本は同じです。〝与えられた問題をどう解決するか〟が仕事であり〝自分がやりたいことを提示しそれを実現する〟という機会はそうあるわけではない。ですが、今は多くの企業が社員にチャレンジ・挑戦を求めています。そして、前例にこだわらないイノベーティブな動きを求めています。

多くの場合、**イノベーションは〝こんなことを実現したい〟という〝want〟が起点となって形づくられます。**だから、自分の〝want〟に気づくことはかつてないほど、ビジネスに求められています。

ですが、前述のように、〝want〟をきかれたことも、問われたこともあまりないから、突然「何をしたいですか?」ときかれても、頭の中は真っ白。

そんなときに、問いかけたいのが「何をしたくないのか」「いやなことは何か」「欲しくないものは何か」つまり〝not want〟です。

人は、いやなことには敏感です。ですから、思い切りわがままになって、なにが嫌いなのかを話してもらう。私であれば、何よりも嫌いなのが、渋滞。それから暇な時間。そして、人から指図されることです。

あなたのいやなことは何でしょう。さんざんいやなことを30分ぐらい話すと、妙にエネルギーが高まります。そのエネルギーを持って〝want〟に入っていく。いやなことに対比させて〝want〟をきく。

人の脳は、対比することで事象を思い浮かべやすいという傾向があります。やってみるとわかりますが〝not want〟をいっぱい話したあとは〝want〟が出てきます。まずは、自分で試して、そしてうまくいったら周りの人にトライしてみてください。

POINT

いやなこと、やりたくないことを徹底的に話すとやりたいことが浮かび上がってくる

“やりたいこと”が見つからないなら……

Want《やりたいこと》が
見つからない……

う～ん
あなたが
やりたいことは？

“やりたいこと” を聞かれる機会は少ない。
なかなか答えが見つからない

Not Want《やりたくないこと》を
徹底的に話してみる

やりたくない
ことは？
欲しくない
ものは？
イヤな
ことは？

思いっきりわがままになってイヤなことを徹底的に語ると
やりたいことが見えてくる

SKILL 24

視点を変える質問で夢に気づかせる

コーチングの大前提は「すべての答えは、誰かとの探索の中で、一緒に見つけ出していける」というものです。もちろん、コーチングというアプローチだけで開花するものではありませんが、夢もまた、一緒に見つけ出すことのできるものだとコーチは考えます。外側のどこかに転がっているわけではなく、誰でも、夢に気づき、夢を見ることができる、コーチはそう信じます。

しかし往々にして、その内側の夢にはたくさんの膜や靄《もや》がおおいかぶさっていて、人はそれをはっきりと鮮明に見ることがなかなかできません。つい自分には夢がないなどと思ってしまいます。

膜や靄の向こう側に横たわる夢へのアクセスを可能にする、それがコーチの役割です。

「視点を変えること」――それが夢への道を開くコーチのアプローチです。

たとえば、上からではそれが見えないとしても、横に移動したり、下に回ったりしてみれば、その姿を確認することができるかもしれません。あるいはその対象から遠ざかってみることで、全体像をより鮮明に見ることができるかもしれません。

そして、視点を移動させるために、コーチは質問をクリエイトしていきます。

「もしなんの制限もなく、なんでも自由にできるとしたら、どんなことをしてみたい？」

「子どもの頃に持っていた好奇心を今でも失っていないとしたら、どんな夢を追っていると思う？」

「10年後のあなたは、今のあなたにどんな夢を追求してほしいと思っているかな？」

こんな質問により、相手の視点を変え、それまでは姿をとらえることのできなかった夢を垣間《かいま》見させます。夢のかけらを拾い上げさせます。

続いて、その夢の全貌が鮮明に見てとれるように、相手にその夢についてたくさん話をさせます。

相手が夢についての思いをどんどん深め、そこに多くの可能性を見出し、心の底からそれを手にしたいと思うまで、話して話して話させます。相手の夢の中に心からの興味と関心を持って入っていきます。

こうして夢のかけらを二度と意識の底に沈んでしまうことのない、大きな大きな一枚の絵へと変えていくのです。

今、あなたの目の前にいるその人の中にもきっと夢があるはずです。

POINT

質問で、夢に気づかせる。夢についてたくさん話をさせる

夢へのアクセスを可能にするのがコーチの役割

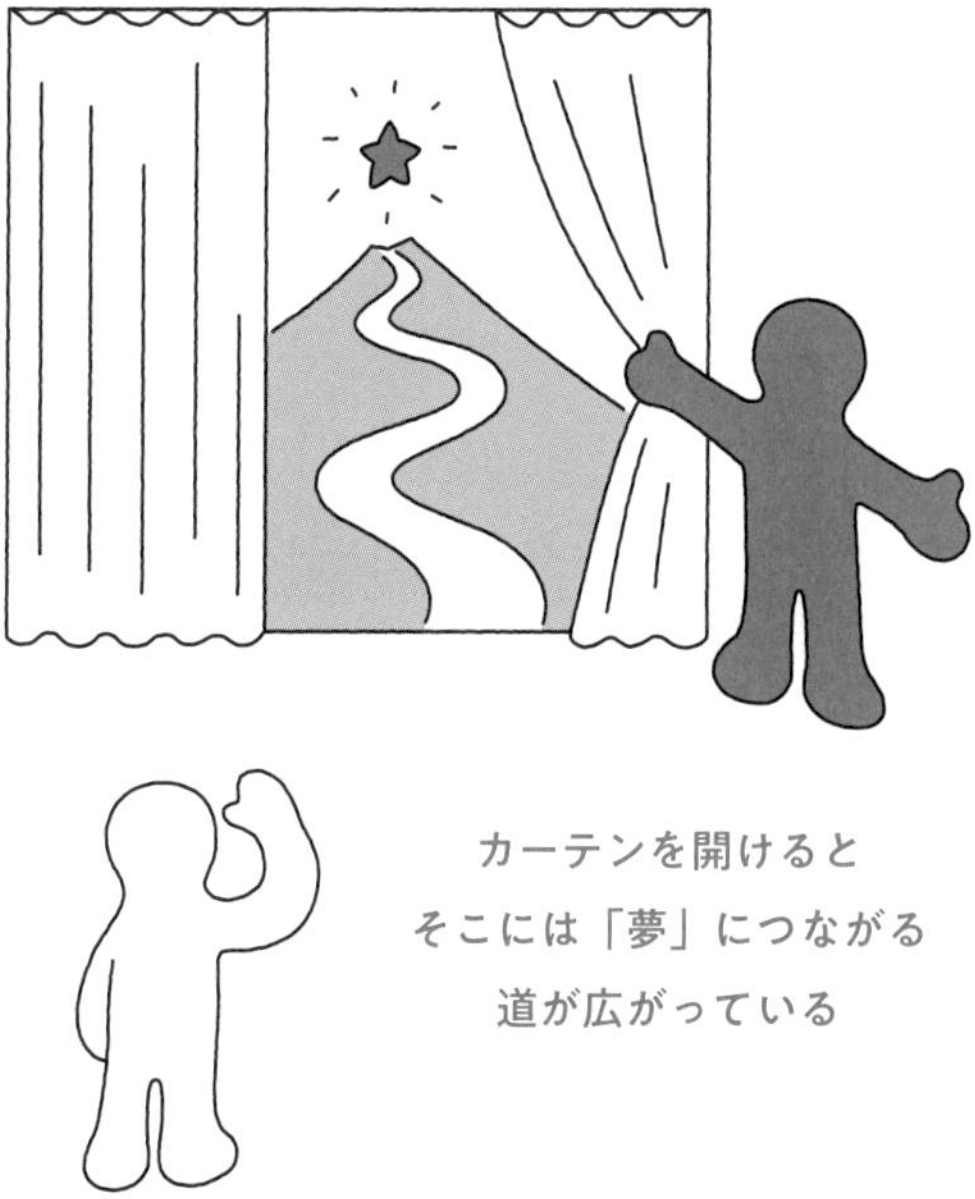
カーテンを開けると
そこには「夢」につながる
道が広がっている

25

SKILL

価値に合う行動を見つける

まずは次の単語のリストを見てください。

どの行動を起こしているとき、あるいは、どの状態にいるときが、あなたがいちばん生き生きしているときでしょうか。

同じような意味の言葉もありますが、より自分にしっくりくるのはどちらでしょう。

ベスト3を選んでみてください。

□探求する　□冒険する　□優雅である　□輝いている

□触れ合う　□共にいる　□影響する　□勇気づける

□極める　□卓越している　□奉仕する　□サポートする

□創造する　□工夫する　□遊ぶ　□指導する
□説明する　□勝つ　□達成する　□気づく
□観察する　□洞察する　□支配する　□説得する
□つながっている

人はそれぞれ無意識のうちに〝価値を置いている行動・状態〟があります。目標達成のための行動はできるだけ**〝その人が価値を置いているもの〟、いい換えれば自然に楽しんでやれるような行動であることが望ましい**ことになります。無理なく続けることができるからです。

価値に合わないような行動を目標達成の手段として選ぶと、継続が大変になってしまいます。

ちなみに、私が価値を置いている行動は〝冒険する〟であったり〝工夫する〟であったりします。このことをはっきりと認識してからは、仕事が以前よりも100倍楽しくなりました。

以前は誰かのやり方を踏襲することもあったのですが、今ではあまりしないようにしています。

先人のやり方のほうが効果的なこともあるかもしれませんが、それを受け継いでしまうと〝冒険〟や〝工夫〟が排除されて、気持ちが少ししぼんでしまうのです。

ですから目標に向けての自分の行動には必ず〝冒険〟や〝工夫〟が要素として入るようにいつも気をつけています。

ぜひコーチングする相手の価値に目を向けてみてください。

前のページのようなリストを見せてもよいでしょう。「どうしてやらなかったんだ！」と語気を荒げることは少なくなると思います。

POINT

価値に合う行動は、自然に無理なく続けることができる。
価値に合う行動で楽しく目標達成に向かう

自分が価値を置く行動で目標に向かう

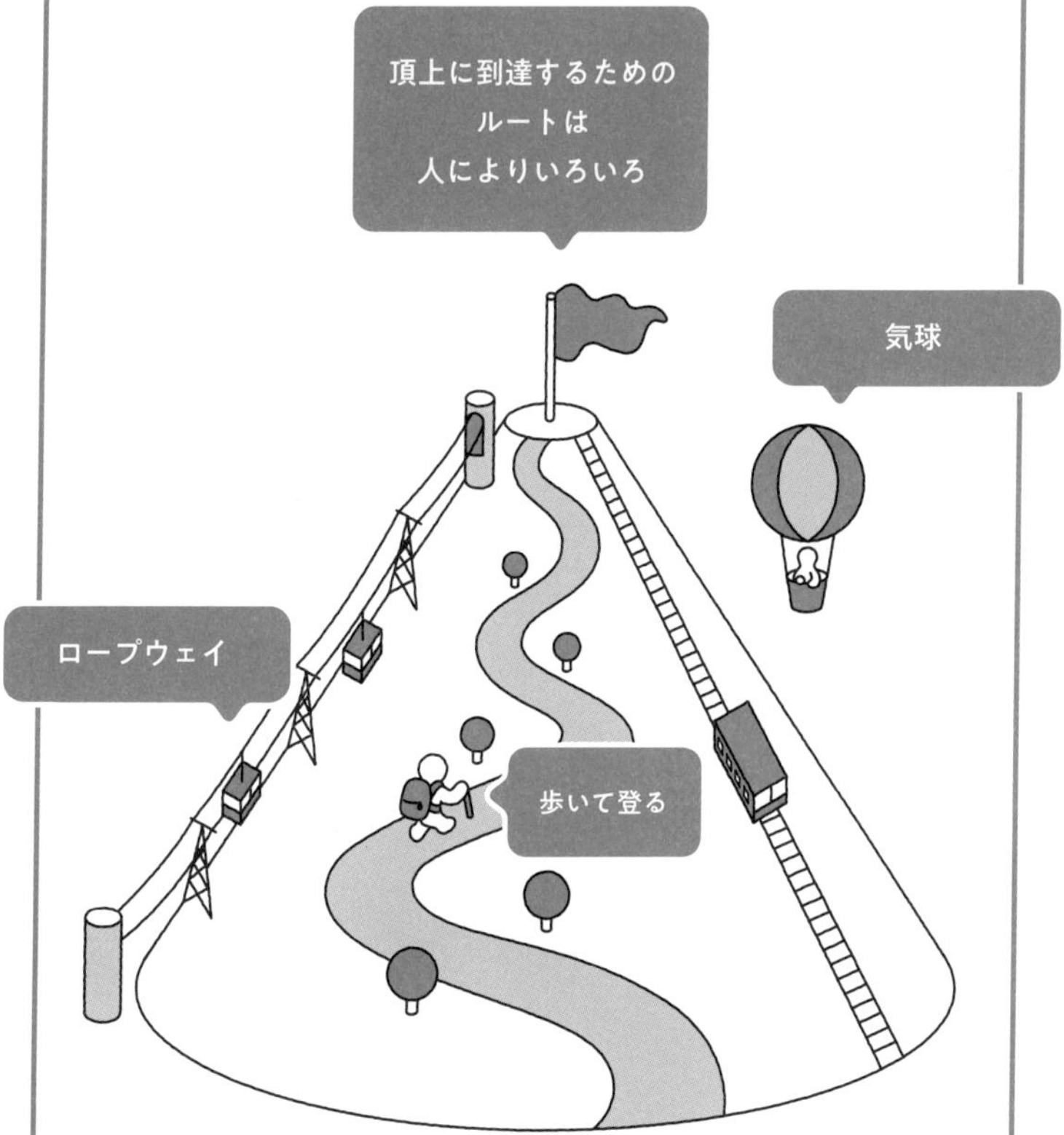

26

SKILL

魅力的な未来に目を向ける

ある年の国際コーチ連盟総会でのことです。さまざまなセッションに参加することができたのですが、その中から、私は「魅力的な未来をつくる」を選びました。講師からどうすれば相手の心のスクリーンに魅力的な未来のイメージを描き出すことができるかのレクチャーを受け、その後3人1組になって実習します。

そのとき、パートナーと共に心のスクリーンに描いた私自身の未来のイメージは、今でも鮮明に思い出すことができます。

港が見える高層ビルの一室。真っ白な壁と、大きくて厚い机。

その机のすぐ横に生き生きと茂るグリーン。

壁にかかった印象派の絵画を思わせる柔らかい色調の絵。
上質の革でできた椅子の包みこむような座り心地。
ラップトップのコンピュータを叩く軽快な音。
弾んだ調子で成果を報告してくれる電話の向こうのクライアントの声。
柔らかく差しこむ光。部屋のすぐ外できこえる同僚たちのにぎやかな声……。

その映像はその後、長きにわたって自分を未来に向かって強く牽引してくれる磁力の役割を果たしてくれました。その映像はたびたび私の中によみがえり、そしてそのたびに内側のエネルギーを高めてくれました。

管理職の方の多くは、目先のゴールに早く部下が到達してほしいと願うがために、彼らの中に魅力的な未来のイメージを刻むよりは、**ついい現状でなにがうまくいっていないのかを探り、それを指摘することに意識が向きがち**です。

それは、山の頂上から見る眺めの素晴らしさをまったく想像できない人に、「とにかく登れ!」「歩き方が違う!」「もっと腕を振って!」

などというようなものです。

雄大な景色が待っていると思えば、自らの意思で歩を踏み出せます。

ぜひ部下にきいてみてください。**将来どんなふうになりたいのか。そのとき、周りにはなにが見えるのか。どんな音がきこえるのか。**

決して消えることのない鮮烈なイメージがつくり上げられるまで、丹念にきいてみてください。

たとえ1時間かかってもいいでしょう。そうすればその後は、あまり尻を叩かずとも部下は動くかもしれません。少なくとも私の経験からはそういえます。

POINT

理想的な未来の、具体的で鮮烈なイメージが持てるなら人は自ら未来に向かうことができるようになる

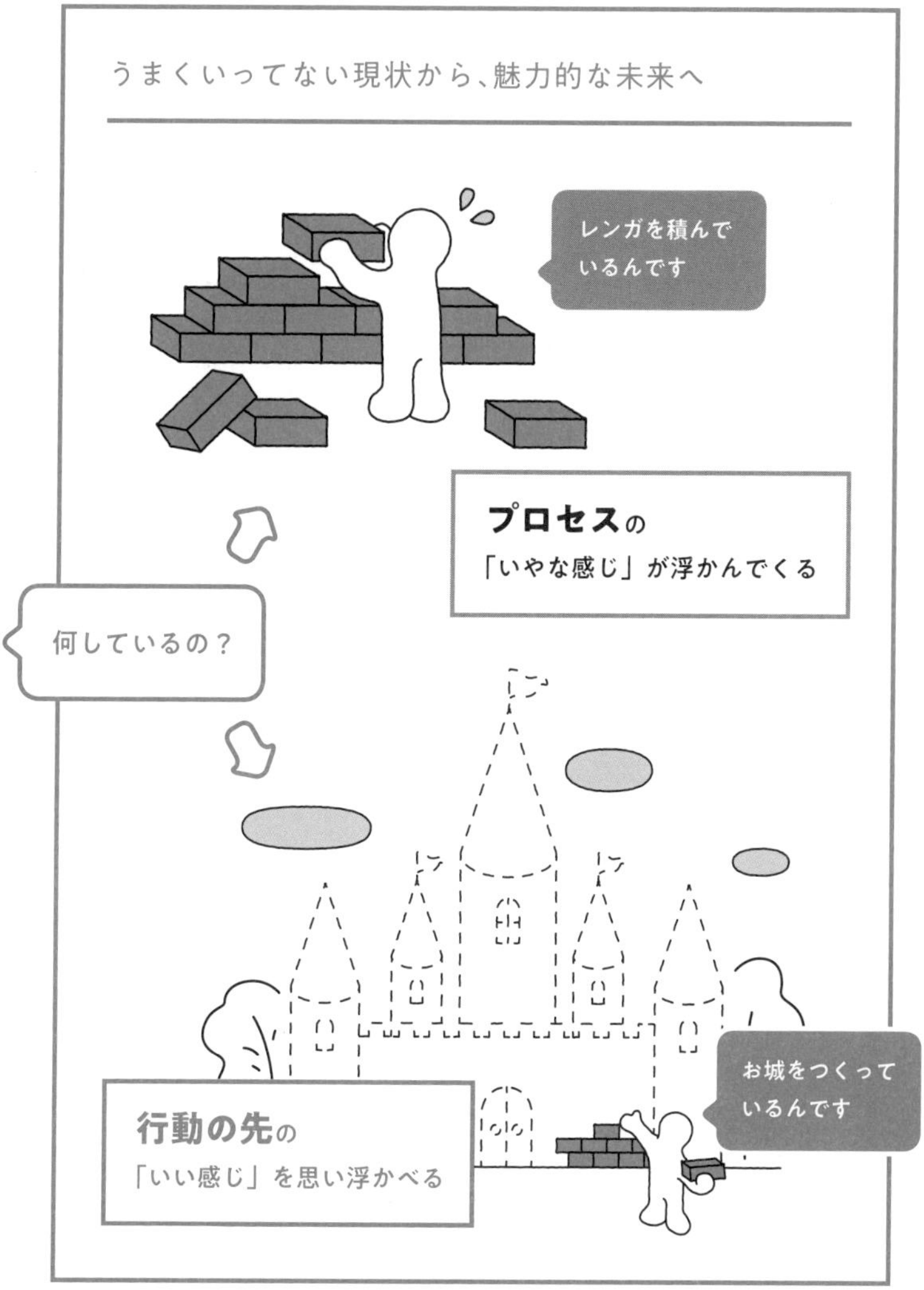
うまくいってない現状から、魅力的な未来へ
レンガを積んでいるんです
プロセスの「いやな感じ」が浮かんでくる
何しているの？
行動の先の「いい感じ」を思い浮かべる
お城をつくっているんです

SKILL 27

過去を振り返り未来への素材を集める

エグゼクティブコーチングのクライアントの方から、お子さんのことで相談されることがあります。多くの場合、セッションが終わり、帰りがけに「あと2〜3分だけいいですか？」といった感じです。

先日は、こんな内容でした。

「息子が大学生で、就活の時期なんです。どういう会社に行きたいのかはっきりしないようなので〝お前は将来何をしたいんだ？〟ってきいたのですが、何も出てこないんですよ。こういうときはどうコーチングするといいですかね？」

いきなり未来を問われてもなかなか言葉が出てくるものではありません。上司に面談で、突然「お前は将来何をやりたいんだ？」ときかれても答えに詰まるだけでしょう。

こういうときには〝まず、過去を思い出してもらう〟という方法があります。未来を想起するよりも、過去を思い出すほうがずっと楽だからです。

たとえば、お子さんにたずねます。

「お前、小学校の頃、何か夢中になっていたものあったよね。あれなんだっけ？」
「中学校のとき好きな教科あったじゃない。歴史だっけ？」

過去に向けて問いを投じ、思い出してもらい〝未来を想起するための素材〟を集めます。

部下に対してであれば、
「この会社に入社したのは、どんなことに興味があったから？」
「これまで関わったプロジェクトで、いちばん楽しかったのはどんなプロジェクト？」

自分の関心、指向性、心の振れ具合、そういったものを十分に思い出してもらってから、たずねます。

「これからの5年ぐらいで、どんな仕事をしてみたい？　何を実現してみたい？」

未来を描くためのヒントは、過去のさまざまな体験の中に存在しています。

日常に忙殺されている中で、なかなか自分だけでそのヒントにアクセスするのは難しい

コーチは、目の前の人の過去に散りばめられた未来へのヒントを一緒に探索し、見つけ出

していきます。

未来への伴走者であるコーチは、過去への伴走者でもあるのです。

POINT

未来の話をする前に、過去の話をして、
未来への素材を集める

過去には未来へのヒントが詰まっている

たとえば、就職先に悩む大学生の子どもに

小学校の頃、
夢中になっていたことは？
中学校のときに
好きだった
教科は？

たとえば、これからのキャリアに悩む若い社員に

この会社に
入社したのは、
何に興味が
あったから？
これまでに
関わった仕事で、
いちばん
楽しかったのは？

28 SKILL 行動の結果をイメージする

行動を習慣化させるのは、並大抵のことではありません。

固く誓ったはずなのに、行動を起こす直前になると〝いやな感じ〟が内側に湧き上がって「そうだ明日からにしよう」と先延ばしにする。

ところが、次の日になるとまた〝いやな感じ〟が訪れて「今日は疲れているから明日にしよう」。

でも、やっぱり次の日になると〝いやな感じ〟には勝てなくて「ま、しばらくお休みにしとこうか」となってしまう。

そう、そうなのです。問題は〝いやな感じ〟なのです。

〝いやな感じ〟が起きるのはなぜでしょうか。基本的には起こそうとする行動のプロセスをイメージしてしまうのが原因です。

たとえば、部屋の片づけをしようと思う。ところが、次の瞬間、無意識のうちに掃除をしている自分の姿を思い浮かべてしまう。ほこりは立つ、細かいものをどこへ収納していいかわからない……。そうするとあの〝いやな感じ〟が押し寄せ、「今日はやめよう」となるわけです。

早起きするときも同じ。目は覚めたものの体を起こせないときには、往々にして、起きたあと寒い空間で身を震わせながらボーッとした顔で冷たい水に手をつけるところを瞬時に描いていたりするわけです。そうするとまたまた〝いやな感じ〟。

〝いやな感じ〟の襲撃を避け〝いい感じ〟に包まれるにはどうしたらいいか。それには、行動の結果を思い浮かべることが得策です。

なにか行動を思い立つということは、その行動の先になにかいいことがあるからです。掃除をするのはきれいな部屋で気持ちよく生活している状態を手に入れたいからだったり、早起きするのは朝日を浴びながら香り高いコーヒーを飲み、すがすがしく1日をスタートさせたいからだったりします。

行動のプロセスではなく、その行動の先の〝いいこと〟をイメージする。そうすれば、驚くほどすっと行動を起こすことができます。

〝いやな感じ〟がやってきたと思ったら、その行動によって自分が手に入れるものに「スパーン！」と絵を切り替えてみてください。

そしてあなたの行動が習慣化したら、ぜひこのテクノロジーをあなたの部下にも教えてあげてください。

POINT

〝行動プロセス〟のイメージは、ブレーキになりがち。
〝行動結果＝いいこと〟をイメージする

“行動のプロセス”から“行動の結果”へイメージを切り替える

[プロセスをイメージする]

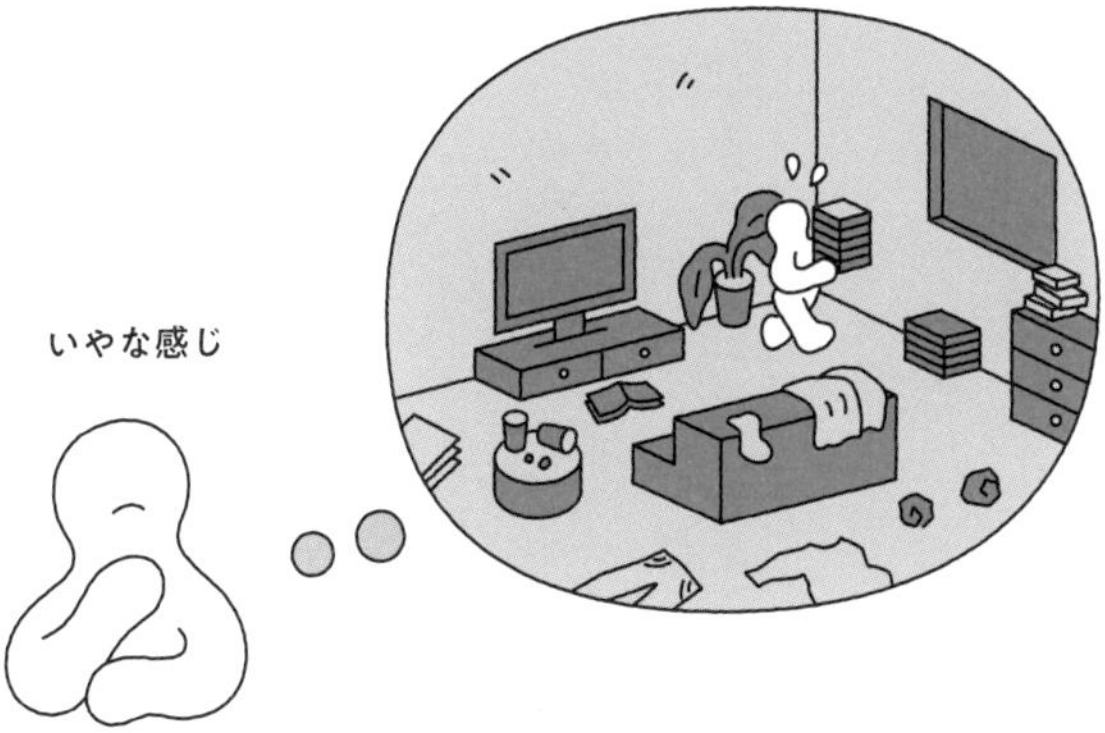

[結果をイメージする]

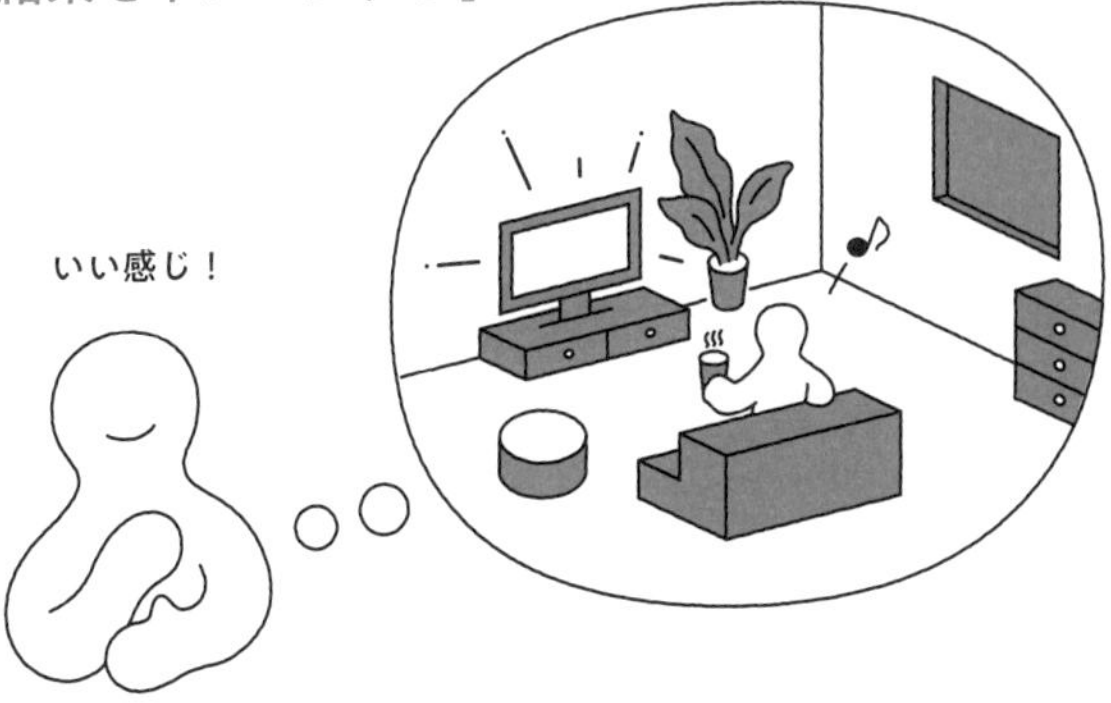

SKILL 29

苦手な対象について30分話す

あるメーカーの取締役のコーチングをしていたときのことです。部下の営業課長とどう関係を構築していくかがその日のテーマでした。

私はその日、朝から体調がすぐれず、ただひたすら彼の話をきくことに徹しました。

30分経って、彼がセッションについてどのような感想を持ったのかが気になり、きいてみました。

すると彼は「いやあ、すっきりしました。気持ちが軽くなりましたよ」というのです。

特になにも解決方法は見つかっていないにもかかわらず、です。

ひとりの人について、あるいは、ひとつの出来事について、30分以上誰かに続けて話したことがありますか。

人はついひとつのことに〝ぐーっ〟と入りがちです。誰かとの関係がうまくいっていないと、その人のことについて〝ぐーっ〟と入りこむ。営業がうまくいかなければ、営業のことを〝ぐーっ〟と考えこむ。

それも、きっと大事なことだとは思いますが、あまり入りこんでいると、対象とぴったりくっついてしまって、対象を横や後ろから見る機会に乏しくなってしまいます。

すると、問題を解決する糸口がなかなか見つかりません。そんな人を**〝対象から引きはがす〟方法のひとつが、対象について延々と話をしてもらうこと**です。

最初に伝えます。

「わかった。その後輩のことが苦手なんだね。それなら彼について思っていること感じていること、全部きかせてくれないか」

相手が止まったらいいます。

「もっと、全部きかせて」

再び止まったらまたいいます。

「他にどんなことでもいいから思っていることをきかせて」

相手がもうこれ以上話せないと思うくらい話してもらいます。

ひとりの人について30分も続けて話してしまったら、もうぴたっとくっついているのは難しい。自然と対象との間に距離ができて、前より冷静にその人との関係を見ることができるようになります。


話をよくきいてくれるような人を見つけて、30分くらい、うまくいっていない人について話してみてください。

最初にお願いしましょう、「30分、ただきいて」と。そして対象からすっと離れて気持ちが軽くなる瞬間を味わったら、ぜひ他の人にも試してあげてください。

POINT

苦手な対象に、意識は集中してしまう。

30分、徹底的に話すことで、意識から引きはがす

苦手な人(こと)についてとことん話してみる

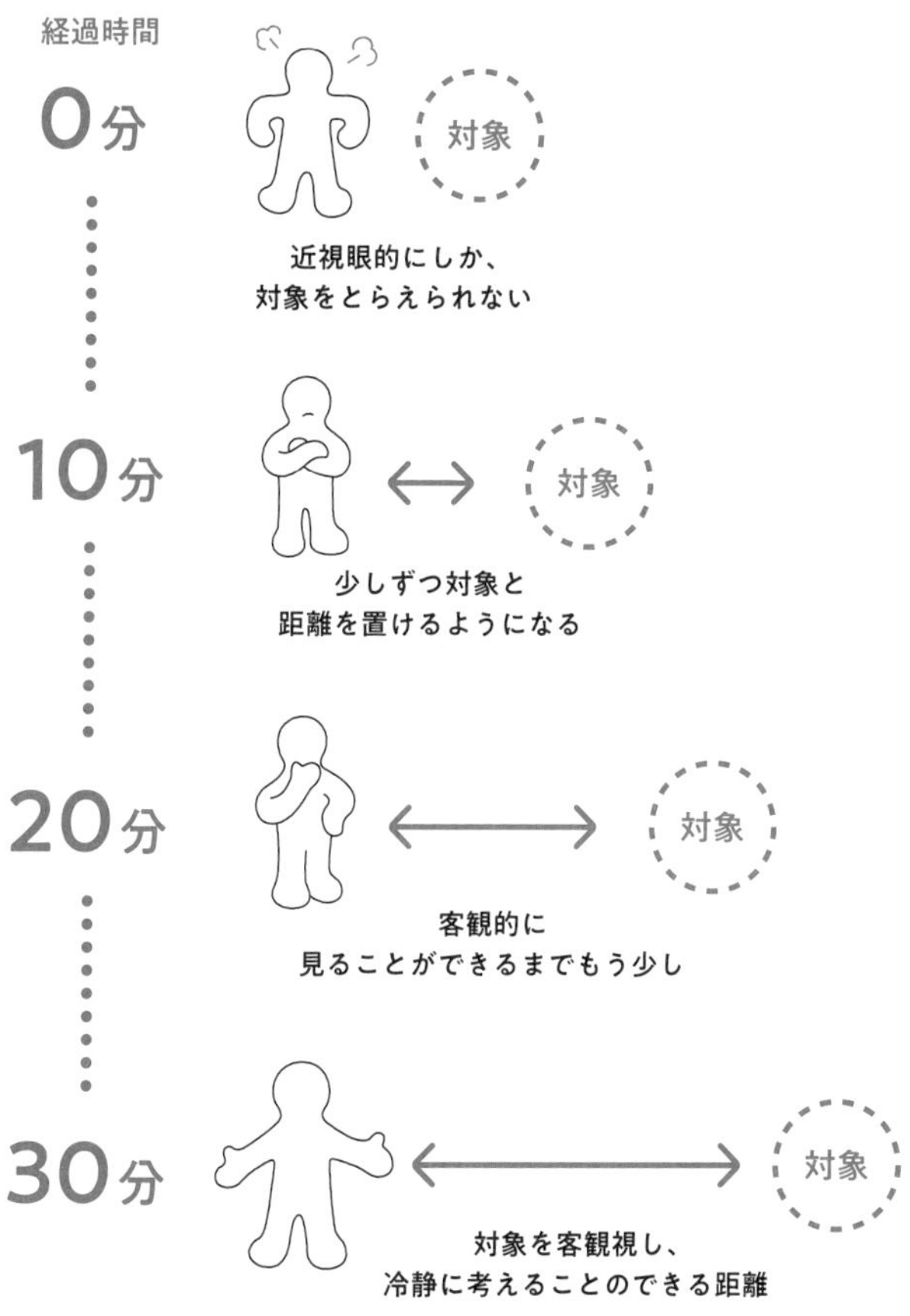
経過時間
0分
対象
近視眼的にしか、
対象をとらえられない
10分
対象
少しずつ対象と
距離を置けるようになる
20分
対象
客観的に
見ることができるまでもう少し
30分
対象
対象を客観視し、
冷静に考えることのできる距離

SKILL 30

10点満点で今の状態を採点する

金融会社の支店長10人を対象にグループコーチングをしていたときのことです。

1週間どのように部下にコーチングをしたのかを、ひとりずつ振り返ってもらっていたのですが、ちょっとお堅い方々のようで、なかなか言葉がスムーズに出てきません。

〝ちゃんとした言葉〟で発言することばかりに意識をとられているのでしょう。

そこでいくつかの質問をもとに、彼らの1週間のコーチングに点数をつけてもらうことにしました。

「今週はどのくらい部下の話をききましたか。10点満点で採点すると何点でしょう？」

「部下を承認した度合いは何点ですか？」

「部下が楽しんで仕事をしていた度合いは何点ですか？」

そうした質問を投げかけると「あ〜、そういわれてみると」「ん〜、結構やれてないもんだな」気づきの声があちらこちらから洩れました。

ふだん漠然と〝やれていない〟〝できていない〟と思うことを「点数にしたら何点なんだろう」と問いかけてみると、行動を客観的に振り返ることができ**〝ここまではできている〟〝ここから先はできていない〟というのがはっきりと見えてきます。**

試しに、自分が〝もっとこうなったらいいのに〟と思っていることについて点数化してみてください。理想の状態を10点満点として。

「仕事の目標をどれだけ本気で達成しようと思っているだろう?」

「夢を実現するためにどれくらいの行動を今起こしているだろう?」

どんな点数がつきましたか。厳密に考えて点数を割り出すのではなく、ぱっと浮かんだ数字をとらえてみてください。

やれていないことというのは〝なんだかうまくいってないな〟と漠然と思っていることが多いものです。

意識にすら上っていないかもしれない。それをうまくいかせようとするのは、霧の中で進むべき道を探すようなものです。

点数化することはこの霧をかき消し、進むべき道を目前に提示してくれる可能性があります。

霧の中でさまよい歩いている人がいたらぜひ「それ何点?」ときいてみてください。少なくとも道の入り口くらいは見えるはずです。

POINT

理想の状態を10点満点として、今の状態を採点してみる。直感的に数字にするだけで、状況がクリアになる

数字にすると、"これまで"と"これから"が見えてくる

SKILL 31

チェックリストを独自につくってみる

コンピテンシーという言葉があります。行動特性などと訳されますが、ある職務において有すべき行動能力のことです。

たとえばある会社の営業マンにとってのコンピテンシーは「顧客に対してどのような質問をするか、必ず訪問前に考えている」だったりします。

このコンピテンシーという概念を導入して、社員の職務能力の向上を図ろうとする企業があります。

その職務において優れた成果を発揮している人を選び（社内から選ぶこともあれば、社外からの場合もあります）、その人をモデルにしてつくったチェックリストを配布し、全体のチェックリストの点数を押し上げるように教育すれば、社員の職務能力は高いレベルで平準化され、おのずと業績は上がるだろうという考えです。

ところがこの制度、うまくいっているという例をあまりきいたことがありません。

チェックリストを使って能力向上に努めさせるというのは、新人で入ってきたばかりのプロ野球選手に「イチロー選手や大谷翔平選手を見習え」というのに近いものがあります。

本来伸ばすべきポイントは人それぞれ違うはずなのに、つい〝であるべき〟を追求させてしまうわけです。

チェックリストを持たせること自体は、スキル向上への意欲を継続させるために役立つことだと思います。が、できれば**〝その人独自のチェックリスト〟を一緒につくる**ところからはじめたい。

「今月身につけたいスキルを、チェックリストにまとめてみようよ」と、相手がどこを目指すのか丹念にきいていきます。

そして10個見つかったら、その10個の文章をどんなチェックリストの形に仕立て上げるのかも相手にききます。

手帳に入るくらいの大きさでいつも携帯できる形にしてもらうのもよし。Ａ４の紙に自分がいちばん好きな書体を使って印刷してもらうのもよし。

そのチェックリストが自分以外の誰のものでもない、とてもオリジナルなものであることを認識する工夫をしてもらいます。

そうすることでチェックリストは、単に自分に努力を強いる命令ではなく、自分のやる気を引き出してくれるエネルギー源となるのです。

POINT

強みや個性は人それぞれ。
〝こうあるべき〟を追求せず、個別の成長戦略を考える

自分だけのオリジナルなリストをつくる

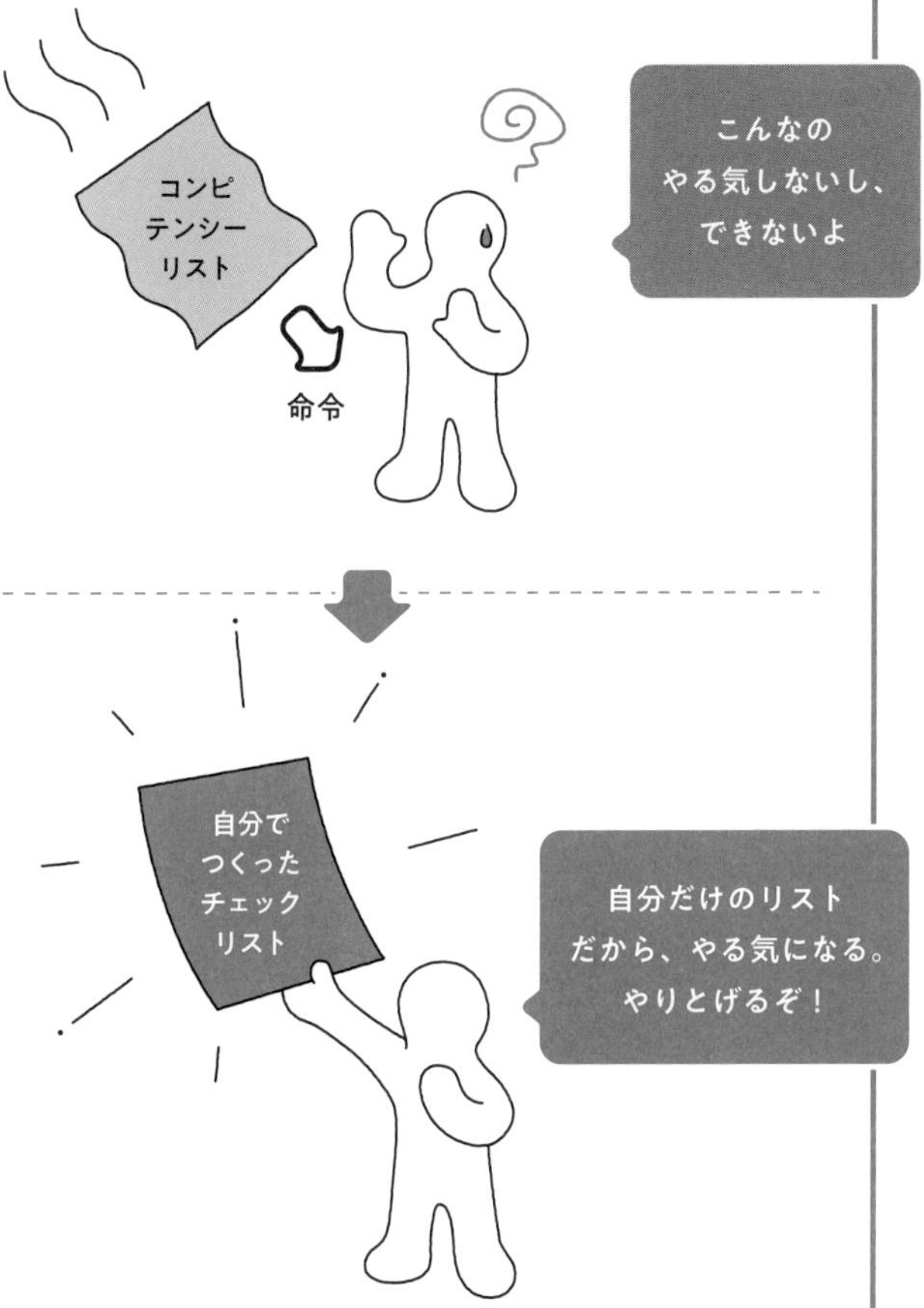

SKILL 34

妥協・未完了・境界線
新しい切り口を与える

SKILL 35

広く多くの
ことをきく

視点・切り口を変える

SKILL 38

とんでもない
リクエストをする

SKILL 39

クライアントに
コーチになってもらう

SKILL 32
ストーリーで
語る

SKILL 33
枕詞《まくらことば》で
緊張を緩和する

LESSON 04

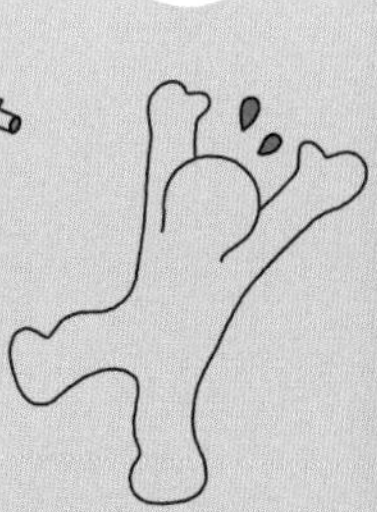

SKILL 36
〝なぜ〟を
説明する

SKILL 37
完全に判断をゆだねる
提案の力を磨く

SKILL 32

ストーリーで語る

目上の人から「人生はねぇ」ではじまる訓示を延々ときかされて、辟易《へきえき》したことはありませんか。

「AはBである」という一般論ほど、伝える側の〝伝えたい度〟ときき手の〝ききたい度〟に温度差があるものはありません。

「人生とは」「仕事とは」「学ぶとは」

発言者にとっては、おそらく苦労に苦労を重ねて見つけた〝真実〟ですから、おのずと熱がこもります。しかし、これをきくのは多くの場合、苦痛以外のなにものでもありません。

コーチングは〝相手の探索と発見をうながす〟のが鉄則ですが、時として、こちらからものの見方や違う視点を共有したくなるときがあります。

しかし、一般論はダメです。相手の耳の入り口ではね返されます。なぜなら、一般論を無防備にきいてしまったら、とても危ないからです。

「人生は努力だ」といったら、努力以外のものは排除されてしまうわけで、そんなことを簡単に受け入れたらすごく窮屈な人生になってしまう。だから人はめったなことでは一般論に同意しません。

「AはBである」を相手に少しでも伝えたかったら、それを〝お話〟の中に入れて語る必要があります。

お話は本や映画のストーリーであったり、見聞きした誰か別の人の話であったり、あるいは自分の過去の体験だったりします。

ストーリーが伝達の手段として優れているのには、2つ理由があります。

ひとつはそれが具体性を持った話であればあるほど〝AはBである〟を実証する事実**が確かにそこにあったということを相手に示すことができるということ。**

つまり、それがいつも絶対正しいかどうかは別にしても、正しい瞬間もあるということをきき手に感じさせられること。

もうひとつは、**一般論と違って〝ストーリーは頭に残りやすい〟**ということです。だから「AはBである」という文章が頭に浮かんだら、とにかくすぐにストーリーを探します。

もともと、そう思うに至った過程には、本を読んだり、誰かの話をきいたり、自分自身がなにかに遭遇したり、なんらかの体験があったはずですから、必ずストーリーが見つかるはずです。ストーリーという乗り物に乗せてはじめて〝あなたの真実〟は相手の心に届くのです。

POINT

一般論で視点を変えることは難しい。
具体的なストーリーで〝相手の心〟に届ける

たとえば、失敗して落ち込む相手にどう声をかけるか？

[一般論を語る]

1回失敗したくらいで諦めるな！
努力が足りないぞ！がんばれ！

[ストーリーを語る]

私は失敗をしたことがない。1万通りのうまくいかない方法を見つけただけだ。
エジソン
きっと誰もがトライ＆エラーで成長するんだよ

SKILL 33

枕詞《まくらことば》で緊張を緩和する

いいにくいことをいおうとするとき、どんないい方で相手に伝えるか、事前に頭の中で何回もシミュレーションしたりしませんか?

ところがシミュレーションすればするほど、実際に相手を前にすると緊張が走って、声がうわずったり、あるいは逆に、妙に語気が強くなったりします。おたがいの間に張り詰めた空気が流れ、なんとも居心地の悪い状態が訪れます。

そんな経験をすると、次にいいにくいことをいわなければならないとき、前にも増してシミュレーションしてしまったりします。するとまた強い緊張が走って……と、悪循環に陥ってしまいます。

そんなときに活躍するのが〝枕詞《まくらことば》〟です。これを使うと伝えにくい言葉を意外に楽に口に出すことができます。

いくつか種類がありますが、まずは**〝相手の許可〟をとる枕詞。**

「ちょっといいにくいことがあるんだけど、いってもいいかな?」

相手はまず99パーセント「イエス」といいます。許可をとれば、そんなにいいにくくはないものです。

次に、相手のその行動がどんな場合でもマイナスなのではなく**〝あるひとつの視点から見る限りそうだ〟ということを伝える枕詞。**

「コーチングという視点から見ると……」

「これは私の考えだけど……」

「ひとつの可能性として……」

こちらの主張の及ぶ範囲が限定されるため、相手の抵抗感が薄れます。相手がそんなに抵抗してこないと思えば、自分の意見も伝えやすくなるものです。

それから最後に**〝自分の気持ち〟をあらかじめ伝える枕詞。**

「これいおうと思うとちょっと緊張しちゃうんだけどね」

もう隠すものはありませんから、堂々と伝えられます。

このように枕詞は相手にメッセージを伝えるときのハードルを低くしてくれます。

また同時に枕詞は、それを使うことで相手と自分を〝パートナー〟という関係に保つ働きもします。

逆に、メッセージを枕詞なくいきなり伝えると、そこに不必要な上下関係を生んでしまう可能性があるわけです。そのメッセージがあなたにとって伝えにくいものでない場合でも、パートナーとなるために枕詞は有効です。

POINT

対話には、不必要な上下関係を生む可能性がある。
枕詞で緊張を緩和し、相手とのパートナー関係を保つ

枕詞は、メッセージを伝えるハードルを下げる

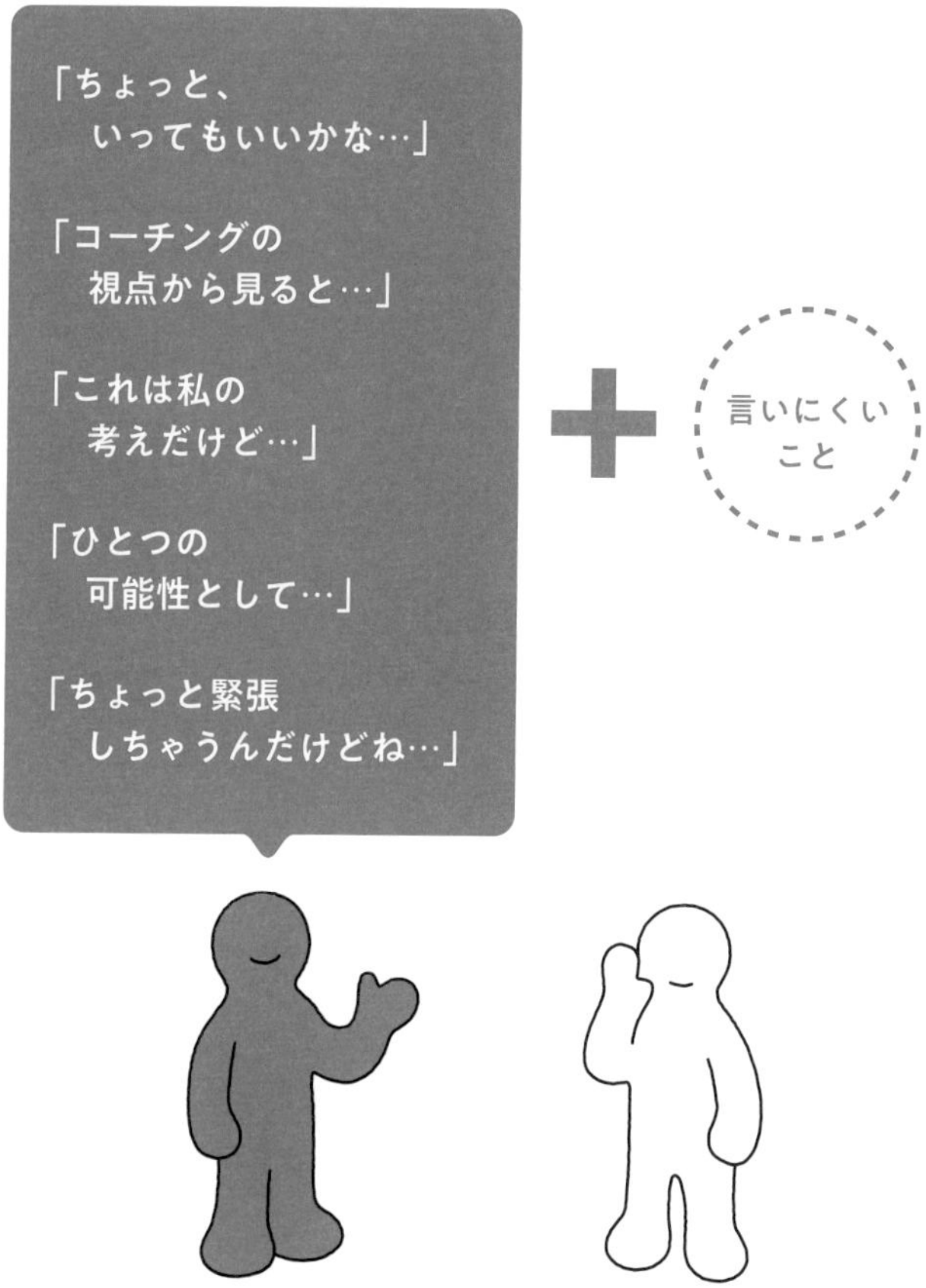
「ちょっと、
いってもいいかな…」
「コーチングの
視点から見ると…」
「これは私の
考えだけど…」
「ひとつの
可能性として…」
「ちょっと緊張
しちゃうんだけどね…」
言いにくい
こと

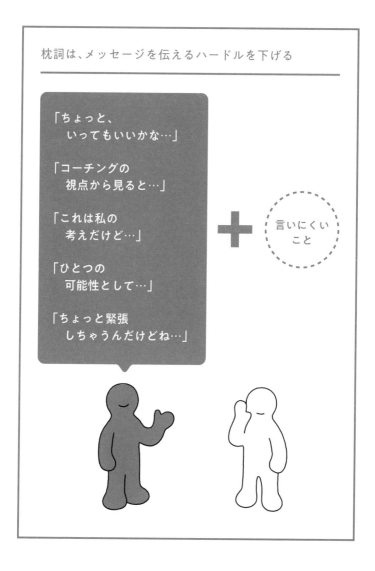

34

SKILL

妥協・未完了・境界線　新しい切り口を与える

まずは次の3つの設問を読んでください。最初は読むだけで結構です。

「自分が仕事や家庭で〝妥協〟していることを5つあげるとしたらなんですか？」
「ちょっと長い間抱えている〝未完了〟を3つあげるとしたらなんでしょう？」
「あなたの〝境界線〟はどのくらい広いですか？」

〝妥協〟というのは、本当はこうであったらいいというのがあるにもかかわらず「とりあえずこんなところでがまんしておくか」と思っていることです。
「○○さんは、いつも2、3分遅刻してくるんだけど、いちいち目くじら立てて注意するのもなんだし、まっいいか」といった類のものです。

〝未完了〟はいつかやろうと思っていてやっていないこと。あるいはやめようと思っていてやめていないことです。

「住所録を整理していない」「お礼の手紙を書いていない」などが、それにあたります。

〝境界線〟はあなたが周りの人にどのくらい「ノー」といえているかの指標です。

境界線が広い人は、理不尽な要求をされたときに「それはできません」、自分を傷つけるようなことをいわれたときには「そういうことはいわないでください」とちゃんと伝えることができます。

逆に境界線が狭い人は、がまんして人の要求を受け入れたり、批判を丸ごと受け入れたりしてしまいます。

さて、改めて先の設問を読んで、そしてそれに答えを出してみてください。どうでしょう。なにか気づくことはありますか。

妥協／未完了／境界線など、その人にとって耳慣れない〝切り口〟を投げかけることで、**その人の人生を新しい角度から照らし出すことができます。**

たとえば、境界線というビームを人生に当てることではじめて、自分が日頃どれだけ人の理不尽な要求を受け入れてしまっているかが見えてくる可能性があるのです。

あなたの周りの人の人生に新鮮な〝切り口〟を与えてみてください。さて、どんな〝切り口〟を使いますか。

POINT

耳慣れない〝切り口〟を投げかけることで
盲点に気づき、新たな可能性を見つけることができる

あなた自身の答えを出してみよう

[妥協]

あなたが妥協
していることは
なんですか？
本当はこうしたいのに
とりあえずがまん
していることは…？

[未完了]

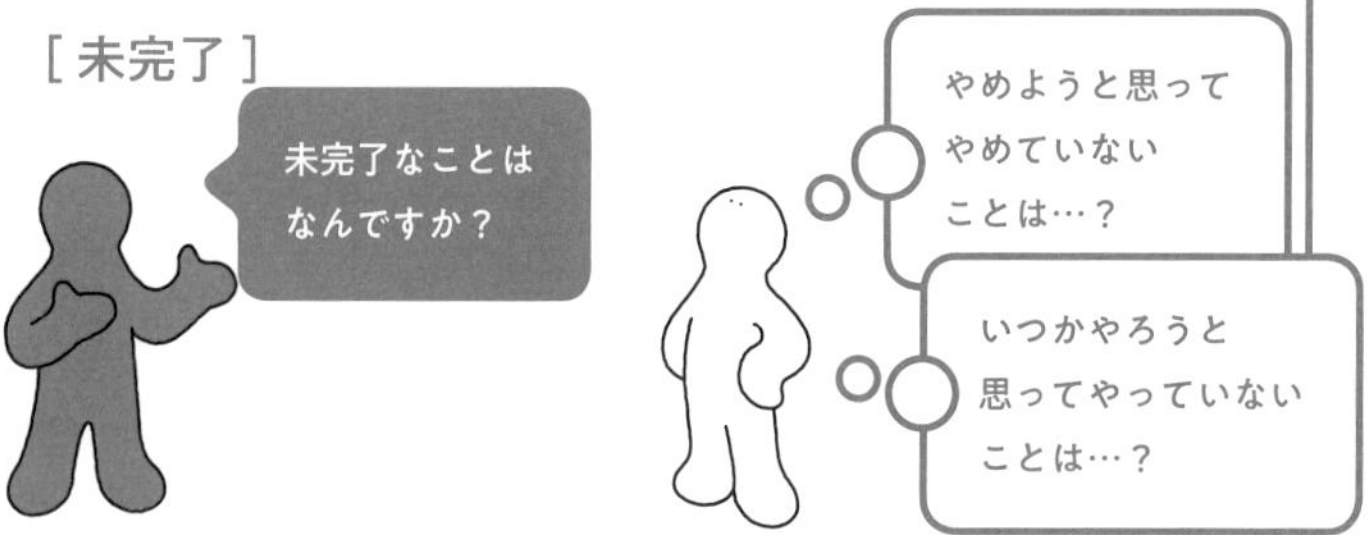
未完了なことは
なんですか？
やめようと思って
やめていない
ことは…？
いつかやろうと
思ってやっていない
ことは…？

[境界線]

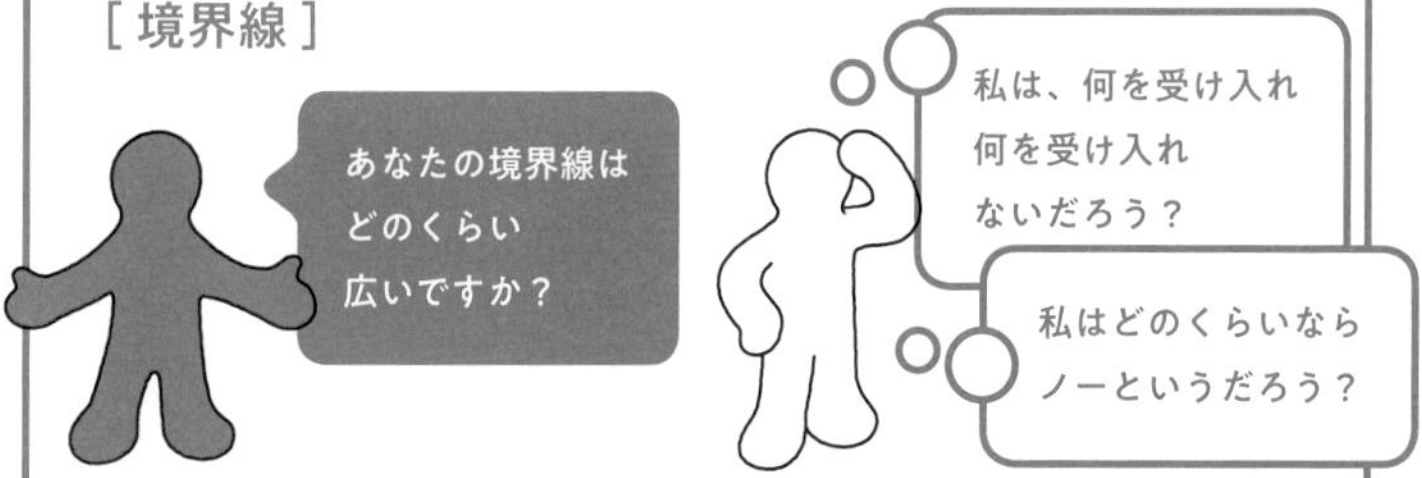
あなたの境界線は
どのくらい
広いですか？
私は、何を受け入れ
何を受け入れ
ないだろう？
私はどのくらいなら
ノーというだろう？

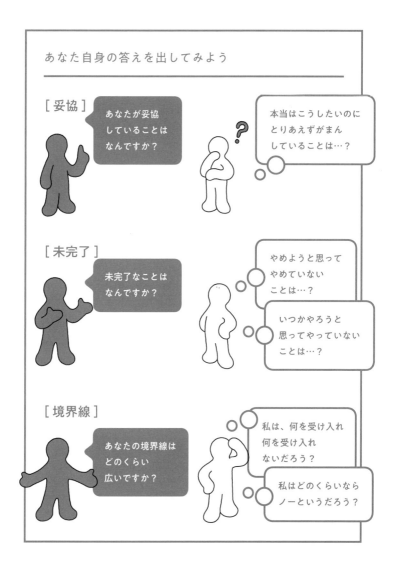

35

SKILL

広く多くのことをきく

アメリカの大学院で臨床心理学を学んでいた頃、私はカウンセリングの達人になりたいと思っていました。

学内の実習だけではあきたらず、週末はいろいろな心理療法のワークショップに通いました。

その中のひとつのワークショップ。私に指導してくれたのはロン・クラインという初老の男性でした。

彼のデモンストレーションを初めて見たときの鮮烈な驚きは忘れることができません。クライアントの問題の核心に一気に入りこみ、あっという間に相手のものの見方を変えてしまいます。

彼のようになりたい。何度もそう思いました。

コーチングはカウンセリングではありませんが、自分の中でのコーチングの達人像はロン・クラインでした。

現状における問題を鋭く明らかにし、目標達成のためにとるべき行動をすばやくクライアントと一緒に見つけ出す。これが自分の目指すコーチングだったのです。

とにかく核心、核心へと迫る。

ところが最近、この錐《きり》で穴を開けるようなコーチングも「ひとつの選択肢にすぎない」と思うようになってきました。**時として一ヵ所を深掘りするよりも、広く多くのことをきき出すことが有効な場合があります。**

ある保険会社の営業所長のコーチングをしていた際、所内でなにが起こっているかについて、とにかく広く浅くきいていきました。

ひとつ質問をして答えをきいては、また「他に気づいていることはないですか？」ときく。

答えに詰まったら、「部下はそのことについてどう思っていますかね？」「バイトの女性は毎日どんなことを考えながら仕事してますかね？」と、こちらからいくつかの切り口を与えてみる。

そうすると現状に対していろいろな角度から光が当たり、相手は複眼的に状況をとらえることができます。

広く多くのことをきくと、ある一点しか見ずに凝り固まっていた脳の緊張が和らぎ状況が見通せることがあります。

逆に、はじめから拡散しているような場合には、狭く深掘りをすることで意識を集中させていくほうがいいかもしれません。ぜひ場合によって使い分けてください。

POINT

時には、広く多くのことをきくことで、緊張が和らぎ、複眼的に状況をとらえられることがある

時には、広く、多くのことをきいてみる

[狭く深く]

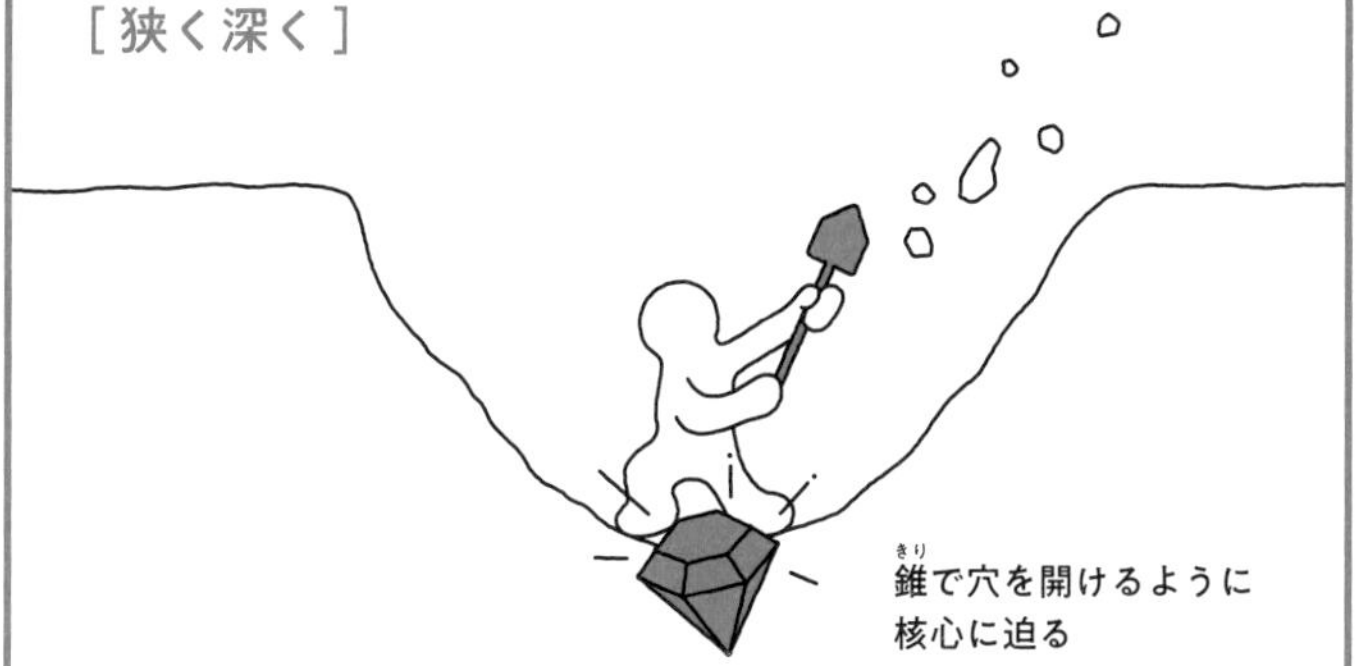

錐《きり》で穴を開けるように
核心に迫る

[広く多く]

いろいろな角度から状況に光を当てる

36

SKILL

〝なぜ〟を説明する

私は、中学、高校とラグビー部に所属していました。

スタンドオフという全体に対してサインを出すポジションだったこともあり、中学でも高校でもキャプテンを任されていました。

あるときコーチに呼ばれ「こういう方針をバックスのメンバーに伝えてほしい」と言われました。

それは、それまでの方針とは異なる新しい方針で、それを伝えたらメンバーに反発を受けるのではないかと一瞬躊躇《ちゅうちょ》しました。

そんな躊躇を感じとってコーチは、私に言いました。

「理由がなければ言えないというのはお前の弱さだ。〝いいからこうするぞ〟でいいんだから。それがキャプテンの力だ」

そうか、理由がなければ言えないのは自分の弱さか——その言葉を胸にグランドに駆け出し、「おい、みんな！」と力を込めて仲間に指示を伝えたことを覚えています。

それから30年経って、しばらく前になりますが、縁あって、某ラグビー強豪高校の幹部（主将や副主将などのリーダー層）にリーダーシップのワークショップを実施する機会をいただきました。

事前の打ち合わせでコーチと話していたときに、コーチが私に言いました。

「今の子たちは、僕たちの頃と違って〝さあ、やれ〟では動かない。なぜそれをするのか、という〝なぜ〟を伝えないとだめです。どんな小さなことであっても。あいさつですら、なぜそれが大事なのかを伝える必要があります」

時代は変わったものだなとつくづく思いました。

「今日の一針は明日の九針を省く」——**今日一針縫っておけば、明日九針縫う必要はな**

い、ということわざです。

今や、部活でも、職場でも、指導者はこの言葉を胸に留めておく必要があるでしょう。**「ルールだから」「自分のときはそうだったから」「そういうものだから」では、もはやなかなか通じない**のです。

しかし、だからといって、すべてを懇切丁寧に説明してしまったのでは、相手は納得したことしかやらないというメンタリティを持ってしまいます。

世の中はどこか不条理なものであり、時に〝なぜ？〟というものを引き受ける強さも必要です。

説明しすぎてもだめ、不条理ばかりではだめ。

この両者のバランスをいかにとるか、それがコーチの腕の見せどころなのかもしれません。

POINT

ただ「やれ」という不条理な命令が通用しない時代。

自分で〝なぜ〟を見つける強さを求めつつ〝なぜ〟を説明する

理由なき命令だけで人は動かない

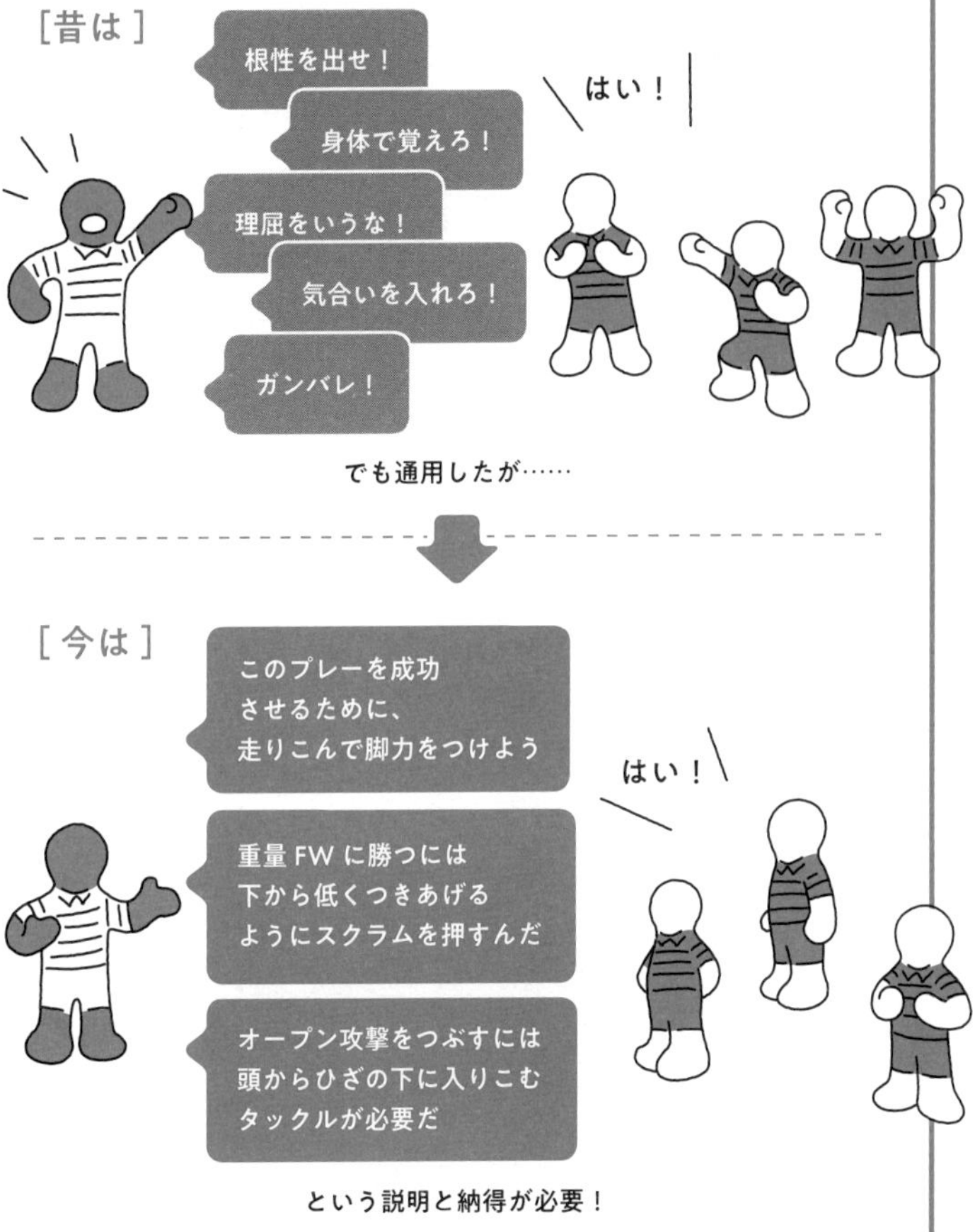
[昔は]
根性を出せ！
身体で覚えろ！
理屈をいうな！
気合いを入れろ！
ガンバレ！
はい！
でも通用したが……
[今は]
このプレーを成功
させるために、
走りこんで脚力をつけよう
重量FWに勝つには
下から低くつきあげる
ようにスクラムを押すんだ
オープン攻撃をつぶすには
頭からひざの下に入りこむ
タックルが必要だ
はい！
という説明と納得が必要！

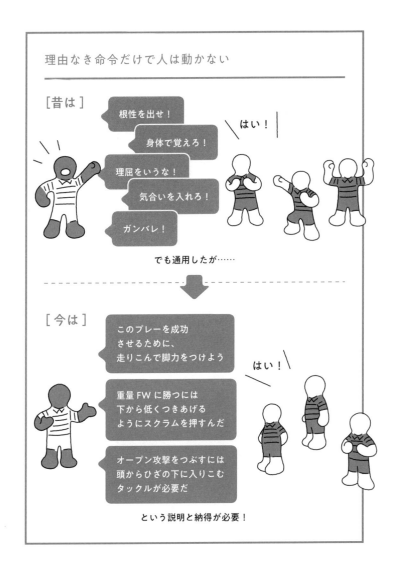

SKILL 37
完全に判断をゆだねる提案の力を磨く

提案ならしょっちゅうしているし、されてもいる。「なにをいまさら」と思うかもしれません。

しかし、ちょっと考えてみてください。一体なにをもって〝提案〟というのでしょう。あなたのその提案は本当に相手から〝提案〟として受け止められているでしょうか。

先日、ビールを飲んでいたら、飲み終わるか終わらないかのうちに、ウェイトレスがやってきて「おかわりどうですか？」とききます。

もう一杯飲むつもりでしたが「飲むのが当たり前」とでもいいたげな口調に腹が立ち「結構です」といってしまいました。

さらに彼女は「では、他の飲み物はいかがでしょう?」と追い討ちをかけるので、つい強い口調で「まだいいです」といいました。すると彼女はばつが悪そうに別のテーブルに行ってしまいました。

ウェイトレスの言葉は、文字だけとり出せば〝提案〟です。しかし私には、自分のいうことに有無をいわさず従わせようとする〝命令〟にきこえました。

本来、**提案は〝イエスというか〟〝ノーというか〟の選択を、相手に完全にゆだねてはじめて成立するもの**です。ところが会社でも学校でも、上位にいる人が下にいる人に向かって、本当の意味での提案をする姿はあまり見かけません。

「プレゼンの資料に市場動向レポートも入れたらどうだ」

「もう少し英語に力を入れたほうがいいんじゃないか」

形態は〝提案〟ですが、ほとんど〝命令〟だったり〝おせっかい〟だったりします。

命令やおせっかいは、どうしても〝やらされている〟というところに相手を導いてしまいます。

「イエスでもノーでもいい、判断はおまえに任せた」というトーンで語られたとき、相手はその問いかけを〝提案〟として受け入れることができます。

会社で、家庭で、まずは自分に投げかけられる言葉に意識を向けて、それが提案なのか、提案以外のものなのかを察知する練習をしてみてください。基準はただひとつ。そこにノーという自由が与えられているかどうかです。

それができたら、自分で提案と提案以外のものを区別して周りの人に対して使ってみてください。相手の反応がどう変わるかに意識を向けながら。

POINT

提案は時に〝命令〟〝おせっかい〟となってしまう。
完全に相手に選択をゆだねる〝本当の提案力〟を磨く

もちろん、これは提案ではありません
有り金をすべて出していただければ、
あなたの安全に寄与できると思いますが、
いかがでしょう？ この提案
YES
NOという自由は0%

38
SKILL

とんでもないリクエストをする

あまりに大きな、とんでもないリクエストを受けて、視界がパーッと開けたことはありませんか?

少しの努力でできるようなリクエストだと「えーっ……」なんて思うのに、ものすごく大きなリクエストをされると「ひえーっ!」と思いつつも、なぜか妙に体が軽くなる。そんな経験をしたことはないでしょうか?

今もし、期限を決めて「このときまでにやってしまおう」と思っていることがあれば、そのことについてちょっと想像してみてください。

部屋の片づけをする。仕事で書類をつくる。英単語を500覚える。50万円貯金する——。

あなたの中に期限がセットされている目標であれば、なんでもかまいません。

次に、**今思い浮かべているそのゴールを、セットした半分の時間で、本気で達成しようと思ったらどんな体験をするか**を想像してみてください。

1ヵ月であれば2週間に。1週間であれば3日に。4時間であれば2時間に。どうでしょう。エネルギーが湧き上がるのを感じませんか？


今度は、**期限は変えずに、達成する量を2倍**にしてみてください。

2部屋だけでなく、4部屋すべて徹底的に片づける。2種類の書類を一気につくる。英単語を1000覚える。100万円貯金する――。一瞬でいいですから、絶対それをやると決めてみてください。

どんな感じですか？

妙に周りがはっきり見えたりしませんか？

自分に対してではなく、周りの人に2分の1の時間で、あるいは2倍の量を達成するようリクエストするとしたらどうでしょう？

人はリクエストを受け、それに答えることで、はじめて自分があらかじめ用意した限界を打ち破ることができます。

コーチは、相手が一瞬耳を疑うような、とんでもないリクエストを、わくわくするような〝ゲーム〟として見せ、相手の心の中に火をつけることができます。

ただし、そのリクエストに応えるだけの力は、すでに相手の中に存在しているという、相手への深い信頼感が必要だということはいうまでもありません。

POINT

あまりに大きな目標を設定することで視界が開け、限界を打ち破るエネルギーが湧いてくる

耳を疑うようなリクエストで心に火をつける

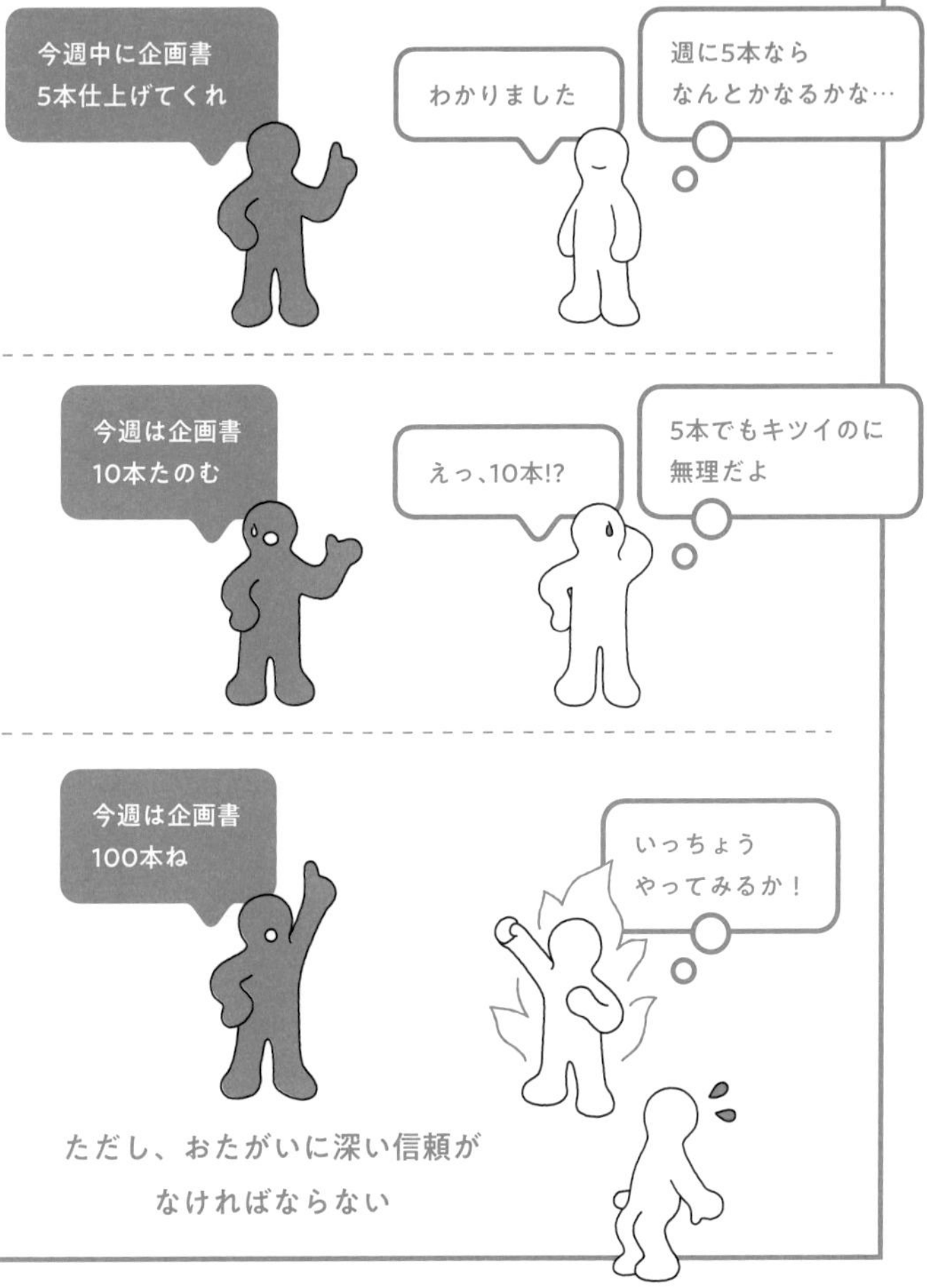

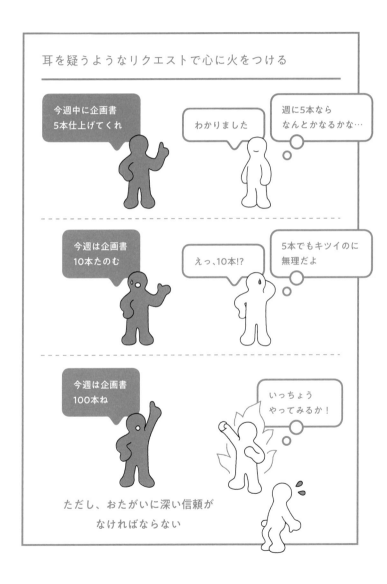

SKILL 39

クライアントにコーチになってもらう

コーチングをしているときに、ふっと思い立ってクライアントの方にコーチになってもらうことがあります。

この前も税理士の方のコーチングをしていて、どうも話が煮詰まってしまったなと思い、いきなり「それはそうと、たまには僕のコーチをしてもらえませんか」といってみました。

「はっ?」

電話の向こうでは、鳩が豆鉄砲を食らったような顔をしているのでしょう。突拍子もない声が返ってきました。

こっちが冗談で言っているのではないというのがわかると、彼は結構楽しそうにコーチングをはじめました。

「どうすればもっとうまくいくと思います？」

「そのことについて誰かサポートしてくれる人はいませんか？」

なかなかいい質問をしてくれます。そして15分くらいして〝逆コーチング〟が一段落したときに「どうでした？」ときいたら「目の前が明るくなった気がします」といっていました。

それまで、自分のことだけで頭がいっぱいになり、視界がすごく狭かったのが、私の問題に関心を向けたことで少し視野が広がったようでした。その後、自分の問題を少しだけ余裕を持って見ることができているようです。

コーチングでは、相手のテーマについて、さまざまな角度から見る努力をします。そして、**さまざまな角度から相手のテーマを見ることで、凝り固まった自分の首筋が少し柔らかくなります。**

すると自身のテーマについても、もう少しいろいろな視点から見ることができるようになるわけです。

部下に「どうすれば俺はもっといい上司になれると思う?」といってみましょう。

相手は一瞬「えっ?」という顔をしたあとに、きっと素晴らしいコーチングをしてくれることと思います。相手のためにも積極的にコーチングをしてもらいましょう。

コーチングをすることで得をするのはコーチングを受ける人だけではありません。コーチングをする人もまたコーチングされるのです。

POINT

役割・立場を入れ替えることで
視野を広げたり、別の角度の視点で見ることができる

立場が変われば視野も広がる

主体的な行動をうながす

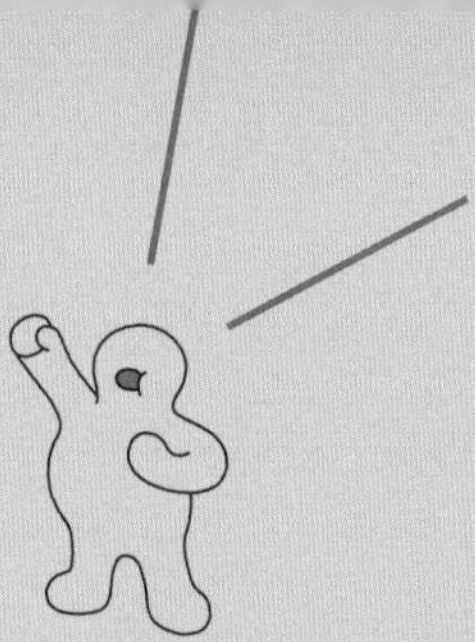

SKILL 42
クローズド・クエスチョン
〝閉じた質問〟を使う

SKILL 43
ファイアー
心に火をつける

SKILL 46
相手のエネルギーに
意識を向ける

SKILL 40
相手をフォローしサポートし続ける

SKILL 41
失敗する権利を与える

LESSON 05

SKILL 44
承認し続ける

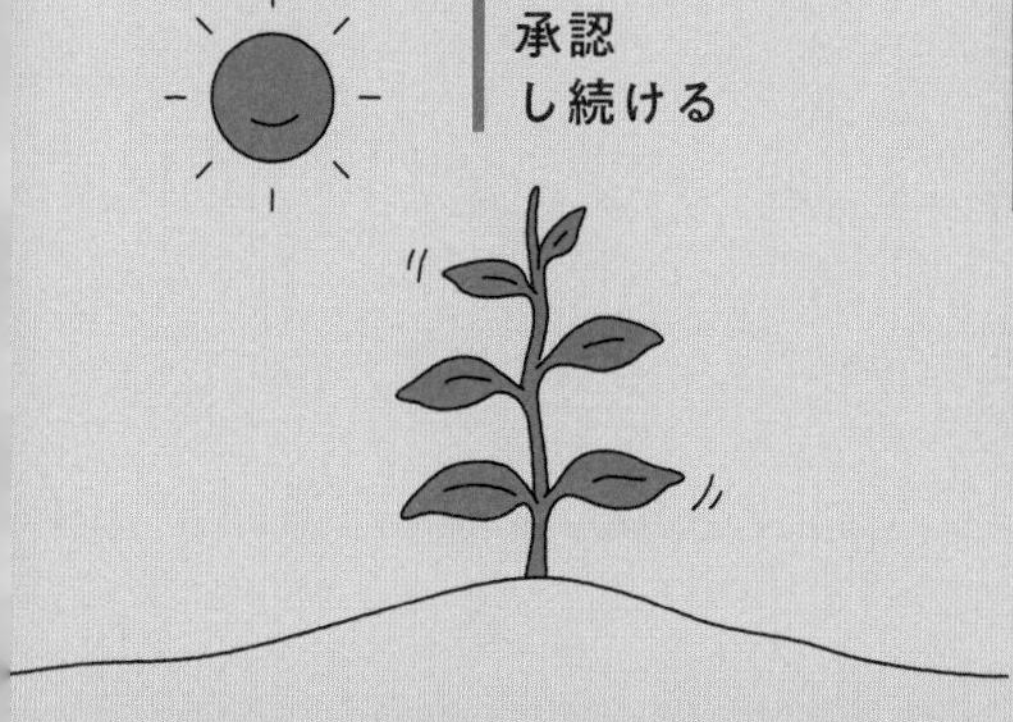

SKILL 45
心の中の絵を差し替える

40

SKILL

相手をフォローし サポートし続ける

誰かの行動が変わることを期待して、とことん関わり、そのときは相手も晴れ晴れとした表情になったので「思い切っていってみてよかった」と思ったとしても、ふたを開けてみたら相手はなにも行動を変えなかったということはよくあります。

子どもを育てることからはじまって、人の育成に従事する者なら誰しも、自分の与えた言葉の影響が永久に続くことを願うものです。

しかし、それは現実にはとても難しいのです。

ですから、コーチはフォローします。

相手を一瞬盛り上げて終わるのではなく、相手が確実に行動を起こすまで。

まず、相手がとるべき行動を決定したら、数日後にその行動をとってどうなったか教えてほしいと伝えておきます。

次に、実際何日かしたら、相手とコンタクトをとり、進捗状況を確かめます。**もし行動が起きなかったのであれば、なにが妨げとなったのかをはっきりさせます。**

続いて、新たな行動を相手の主導で選択し、その行動へと向かわせます。

「なにかあったらいつでもいってきてほしい。いつでもサポートするから」

そう一言、つけ加えます。そして何日か後に再び相手の状況を確認します。

簡単なようですが、これを繰り返すことで、相手は〝コーチが自分の成長を確かにサポートしてくれている〟〝自分を大切にしてくれている〟と思います。コーチが単なる起爆剤ではなく、真の伴走者となる瞬間です。

たとえば、同僚があなたに「最近体調がよくなくてね。お酒を控えようと思うんだ」といったとします。

ふだんのあなただったら、どう反応しますか？　そんな機会があったら、試しにこういってみてください。

「1週間経ったらきくから、状況を教えてよ。それから、途中でなにか私にできることがあったら、何でもいって」

いかにお酒が体によくないか、本などで読みかじった知識を披露するより、相手にとってはずっとうれしいかもしれません。

部下や同僚が新しい行動に挑もうとしているとき、ただ「いつでもそばにいるからね」というメッセージを発してみたらどうなるでしょうか。ぜひ試してみてください。

POINT

目標を決めたら終わり、ではない。
進捗状況を確かめ、障害を明らかにし、伴走し続ける

コーチはフォローしサポートし続ける

コーチングによって
とるべき行動を決める

クライアントが行動を
起こそうとする

クライアントが
行動できなかった。
挫折しそうになった

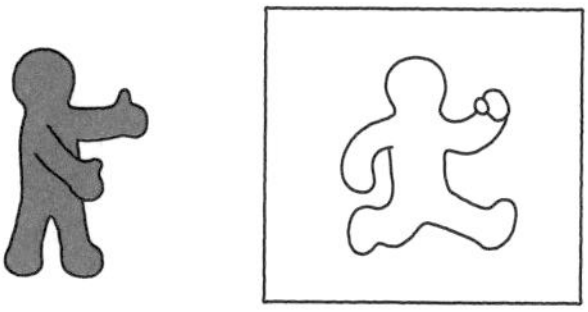

コーチに
サポートされている
安心感を持って、
行動に挑戦する

41 SKILL 失敗する権利を与える

あなたがこれまで、なにか新しいことを学ぼうとしたとき、仕事でも、勉強でも、あなたの上司、先生、親はどれくらいあなたに〝失敗する権利〟を与えていましたか。すなわち、失敗を悪として追及せず、成功へのステップとしてとらえ、その間じっと見守り続けてくれたでしょうか。

それはあなたにとって十分なものでしたか。それとも、もう少し失敗できる幅があったらよかったでしょうか。

逆に今、誰かが新しいことを学ぶのをサポートする立場にあなたがいるとしたら、どれくらいその人に〝失敗する権利〟を与えているかを振り返ってみてください。

先日、1歳の息子を持つ女性がこんなことを話してくれました。

「アメリカ人のお母さんて、こっちが冷や冷やするくらい子どもに自由に遊ばせるのよね。どうしたらあんなふうになれるのかしら」

まだよちよち歩きの1歳そこそこの子どもに、滑り台の急な階段をひとりで登らせているところを見てそう思ったそうです。

私もアメリカにいたとき感じたことですが、確かに多くのアメリカ人の親は、子どもが小さい頃からなんでも自分でやらせようとします。**成功するにはその前提として失敗が不可欠である**、そう思っています。

それに対して日本の親は、子どもを失敗させないようにする傾向が強いようです。子どもを持つ親だけでなく、日本の社会は一般的にあまり失敗に対して寛容ではありません。たとえば日本では、会社を倒産させた経営者が表舞台に復帰するのは、なかなか難しいのが現実です。それに対してアメリカでは、倒産させてしまったことそれ自体がかけがえのない経験として扱われるようなところがあります。

人材育成という場面では、相手に〝失敗する権利〟をもっと与えてもいいような気がします。それはなによりも〝失敗する権利〟を与えることが、相手の自発性を生み出すことに結びつくからです。

逆にいえば〝失敗する権利〟がないところでは、行動がどうしても〝しなければならない〟の連続になり、自発性よりも義務感を助長してしまいます。

自分はどのくらい相手に〝失敗する権利〟を与えているのか、一度立ち止まって考える価値はあるでしょう。

POINT

失敗経験は、成長するために不可欠。
失敗する権利を与え、自発性をうながす

失敗は成功へのパスポート

失敗してるけど、
大丈夫かな？

ありがとう！
この国でがんばります！

42
SKILL

クローズド・クエスチョン〝閉じた質問〟を使う

コーチ養成のトレーニング中に、ある研修会社の社長さんが、コーチ役としてロールプレイをすることになりました。テーマは〝ダイエット〟です。

彼がした最初の質問は、

「テーマはダイエットということですが、本当にやせるつもりですか？」

私は頭をハンマーで殴られたような衝撃を受けました。

自分であれば「いつまでに、どのくらいやせたいと思っていますか？」とか「これまでにどんなことを試されたか教えてください」とか、ゴールや過去の体験を確認することからはじめるでしょう。のっけから相手にイエスかノーかを迫るような質問をすることはめったにありません。

ところが彼はそれを断行しました。威圧するのでもなんでもなく、真摯に〝自分はあなたのコミットメントを確認したいんだ〟というのが伝わってきました。

それに対してクライアントは、一瞬口ごもったあと、しっかりした口調で「はい、思っています」と答えました。

彼のコーチングはこの瞬間、その成功をほぼ手中に収めたのです。たったひとつの質問で彼はクライアントをやる気にしてしまったのです。

質問には大きく2種類あります。〝オープン・クエスチョン（開いた質問）〟と〝クローズド・クエスチョン（閉じた質問）〟です。

〝開いた質問〟とは、いわゆる5W1H（いつ、どこ、誰、なに、なぜ、どのように）ではじまる質問です。

〝クローズド・クエスチョン（閉じた質問）〟とは相手がイエスまたはノーでしか答えられないような質問です。

それまで私は、コーチングで大切なことは〝相手の中にある答えを引き出すこと〟であり、それを実現するには〝オープン・クエスチョンを多用すること〟が大事だと思っていました。しかし今回、私の中でクローズド・クエスチョンの価値が上がりました。

相手との関係を崩さず使えるのであれば、質問3回につき1回はクローズド・クエスチョンでいいかもしれません。

あなたも、ぜひクローズド・クエスチョンを使ってみてください。

クローズド・クエスチョンを使うには、勇気と思いやりが必要です。だからこそそれを真剣なトーンで伝えると、自分の中に力と愛が湧き起こるのがわかります。

POINT

勇気と思いやりを持って〝閉じた質問〟でイエスかノーかを迫る

たったひとつの質問で相手の決意を確かめる

本当にやせる
つもりですか？
Yesですか？
Noですか？
Yes!

コーチングの質問は原則として
５Ｗ１Ｈのオープン・クエスチョン。
しかし、クローズド・クエスチョンが
劇的な効果をあげることも。
勇気と思いやりを持って質問しよう

SKILL 43

ファイアー 心に火をつける

コーチングはとにかく行動がすべてです。

コミュニケーションを交わした結果〝クライアントが気持ちよくなったかどうか〟は二の次で〝実際にクライアントが行動を起こしたかどうか〟がコーチングの価値を決める唯一絶対の基準です。

行動の集積が目標の達成につながれば、もちろんいうことはありませんが、最低限コーチが責任を持てるのは、あるいは持たなければならないのは、クライアントの行動です。

コーチはクライアントが行動をとらないときに「いやあ、行動の強制はできないからなあ、今はそういう状態なんだよ」などといいわけしてはいけないのです。

相手が動かなかったということは、あなたに十分なコーチング力が備わっていなかっ

たということ――コーチングはそれくらいの覚悟で行う必要があります。

これまでいろいろなコーチのスキルやあり方を紹介してきましたが、そのすべては〝相手を行動に向かわせること〟が目的です。

コーチングをジグソーパズルにたとえるなら、中でも重要なピースは〝相手の自発性をうながす〟ことです。自分でやろうと思ったことは、人からああしろこうしろといわれたことよりも、ずっと実際の行動に移す可能性が高いのです。

したがって〝相手の自発性をうながす〟のはコーチにとって忘れてはならないスキルでありスタンスです。

しかし、行動が起きる可能性をより高めようと思ったら、もうひとつ大事なピースを加える必要があります。それが〝ファイアー〟、日本語にすれば〝火をつける〟です。

ファイアーとはストレートな行動のリクエスト。その目的は、相手の行動に対する意識を瞬間的にぐっと高め、「よし、やるぞ！」と心の中でいわせることです。

ファイアーするのは、とことん一緒に探索し発見をうながし、相手がこういうこと

をしてみると宣言したあとです。

「やってくださいね、絶対に」

「なにがあってもそのことだけは、必ず試してください」

低く落とした真剣な声で、リクエストします。行動に関してはいかなるいいわけをも受けつけないことを明言するのです。

２人の間に人が行動を決意した瞬間の、あの〝神聖な空気〟が一瞬でも流れたら、ファイアーは成功です。

POINT

行動が決まったら「必ずやってくださいね」とストレートに真剣な声でリクエストする

ファイアーとは行動に向けてのストレートなリクエスト

44
SKILL

承認し続ける

ある飲料メーカーで講演をしていたときのことです。

部下を承認することの大切さを説いていると、ひとりの管理職の方が手をあげました。

「承認することが大事であることはわかりました。でも叱《しか》ることが必要なときもありますよね。そういうときはどうするんですか？」

承認ばかりで人が育つはずがない。叱ることの大切さを説かずにどうするんだ——そう言いたげな目でした。

その挑む姿勢にこちらもちょっとスイッチが入りました。

「叱るのが悪いわけではありませんが、叱らない育て方を一度考えてみましょうよ」

少し強めの口調で、そう伝えました。

あるアメリカの心理学の本には〝叱る〟の定義は〝挽回への励まし〟であると書いてありました。

本来〝叱る〟というのは、相手がミスをしたり、間違ったときに〝言いわけさせずに、だめなことはだめだったと認識させ、けじめをつけさせ、次に向かわせる〟という行為です。

その意識で叱るのであればよいと思うのですが、多くの場合、上司の感情的な反応でしかないことが多い。

自分が思った通りに動かないのは気にいらない、だから叱る。
自分が言ったことをやらないのは頭にくる、だから叱る。

部下の側はそんな上司の反応を感じとります。だからといって反応することが習慣になっている人が、反応しないと決めるのはなかなか難しいものです。

なので、**反応すること以外の新しい行動に意識を向ける。それが〝承認し続ける〟**です。

部下の言動や行動を見て、どんな小さなことでもポジティブなものを発見したら、そこに言葉を投げかける。

「すごいね」などと言わなくても、ただ行動に光が当たればそれでいい。

「企画書、期限通りに出してくれたんだな」

「お客様のところに朝早くから行ってくれたのか」

知っている、気づいている、見ている、ただそのことを言葉で表す。表し続ける。

もし、みなさんの上司が、みなさんがとっている行動にそんなふうに光を当て続けてくれたらどうでしょう？

「なんでやらないんだ！」と感情的に反応され続けるよりずっといいと思うのですが。

POINT

「見ているよ」「気づいているよ」と言葉で表し、伝え続ける

ポジティブな発見を言葉で伝え続ける

[叱る]

[承認する]

45

SKILL

心の中の絵を差し替える

人の行動は、頭の中で唱えた通りに起きるわけではありません。「前向きにいくぞ、前向きにいくぞ」と繰り返したからといって、必ずしも行動が前向きになるということはないのです。

では、なにによって人の行動は最も影響を受けるのでしょうか？　その人の心のスクリーンに、どんな絵が描かれているかということが非常に大きいのです。

たとえば「前向きにいくぞ」と頭ではいいながら、内側では〝壁に突き当たって、もがき苦しんでいる自分自身〟をありありと描いている、しかも灰色で――なんていうことがよくあるわけです。これでは気楽に行動を起こすことなど、できるわけがありません。

それに対して、うまくいっている人というのは、ほとんどの時間はうまくいっている自分の姿でスクリーンをいっぱいに埋め尽くしているものです。明るくさわやかな色で。

ですから、なにかあってもすぐ次の行動に移っていけるのです。

さて、コーチは、相手が行動を起こしやすくするために、相手の心のスクリーンに描かれた絵を一瞬にして差し替えることができます。ネガティブな絵を消し、そこにポジティブな絵を置くことができるのです。

たとえばここに、思うように売上を伸ばすことのできない新米営業マンがいるとします。彼はどうすればうまくいくのかを考えるばかりで、行動は抑制されてしまっています。

おそらく彼の内側には、なにを提案してもお客さんからイエスをとりつけられない、自信を失った自分の姿が、薄暗い色で描かれているのでしょう。

そんな彼に対して、コーチング・マインドあふれる上司であれば、ただ「がんばれ!」と激励するだけでなく、行動の基点である内側の絵を変えるために、いくつかのことを試してみるはずです。

たとえば、**過去の経験の中で、障害に突き当たりながらも、それを乗り越えた体験について話してもらう。**

その新米営業マンがモデルとしている人なら、どのように今の状態を乗り越えていくと思うかをきいてみる……などです。

相手の心のスクリーンに、それを見るだけで一歩前に出たくなる、そんな絵を一瞬にして映し出してしまう。それが、〝コーチ〟と呼ばれる人なのです。

POINT

成功体験や、ロールモデルに目を向けることで心のスクリーンの絵をポジティブな絵に差し替える

クライアントの"心の絵"を変えるのもコーチの役割

46 SKILL 相手のエネルギーに意識を向ける

車が走るためにはガソリンが必要なように、人が行動するためにはエネルギーが必要です。行動することばかりに躍起になって、エネルギーの補充を怠ると、ガス欠になって思いがけないトラブルが発生することもあります。

もしあなたが誰かをコーチする立場にあるとしたら、車を走らせるときガソリンの残量をこまめにチェックするように、その人のエネルギーに絶えず意識を向けている必要があります。

相手が頻繁にガス欠に陥っているようだったら、エネルギーを補充するシステムを一緒につくってみたらどうでしょうか。

車を走り続けさせるためには〝定期的〟にガソリンを注入するように、その場限りの打ち上げ花火ではなく、**毎日あるいは少なくとも2、3日に1回はエネルギーが注ぎこまれるシステム**を。

一方的に「これをやれ」というのではなく、質問をして相手に考えてもらいます。

「どうしたら定期的に自分のエネルギーを補充できると思う?」

もちろんいいアイデアをあなたが持っていたら〝提案〟してみるのもいいでしょう。

先日、私の部下の顔を見ると、トロ~ンとした生気のない目をしています。きくと最近仕事が忙しく、家に帰るとぐったりしてそのままソファの上で寝てしまうのだといいます。

彼女自身、帰宅後の時間を自分の体と心をリフレッシュする時間に変えたいというので、どういうことをするか2人で話し合いました。

彼女が決めたのは、

「家に帰ったらすぐに、バスクリンの入ったお風呂に入る」

「お風呂を出たら、会社につけていくのとは違うコロンをつける」

「クラシックをききながら、お気に入りのハーブティーを飲む」

の3つでした。

次の日、本当に晴れやかな顔で彼女がやってきて「すっごくよかったです！　昼の延長ではなくて、夜がまた新しくはじまった気がしました。もう今日は気分すっきりです」。

あなたはどんなふうにして自分のエネルギーを補充しますか？

自分の補充法が決まったら、次にガス欠の人を見つけて、エネルギーを補充するお手伝いをしてみてください。

POINT

元気のない状態から主体的に行動を起こすのは難しい。エネルギーを補充する、人それぞれの方法を見つける

自分独自のエネルギー補充の方法を！

マラソン選手が自分に合ったスペシャルドリンクを
備えておくのと同じように、自分にフィットした
リフレッシュ法を見つけておくことが大切

SKILL 49
心の中に埋もれる
宝物を掘り起こす

SKILL 50
コミュニケーションを
上から観察する

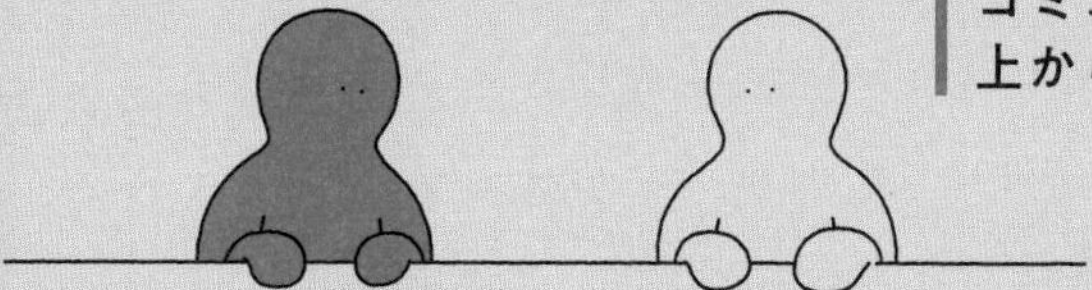

コーチングの達人に向けて

SKILL 53
相手の上や下に
立とうとしない

SKILL 54
相手を別のフレームに
入れてみる

SKILL 55
個別対応で
才能を開花させる

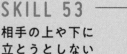

SKILL 47
自分自身が日々
小さな目標を達成する

SKILL 48
理想のコーチに
なりきる

LESSON 06

SKILL 51
〝落としどころ〟
を用意しない

SKILL 52
エネルギーを
高く保つ

47

SKILL

自分自身が日々小さな目標を達成する

あなたが誰かのコーチを受けるとしたら、どんな人のコーチを受けてみたいですか？
ちょっと想像してみてください。

男性ですか？　女性ですか？
歳はいくつぐらいで、どんな顔つきをしている人でしょう？
毎日をどんなふうに過ごしている人がいいですか？
身近な人で、この人のコーチなら受けてもいいという人はいますか？

細かく見ていけば理想のコーチ像はひとりひとり違うでしょうけれど、共通している要素もいくつかあると思います。そして、想像ですが、そのうちのひとつは、なんといっても〝大きな目標を達成したことがある人〟でしょう。

テニスをやっている人であれば、やっぱりR・フェデラーのコーチは受けてみたい。経営者であれば、往年の名経営者のコーチなんかいいですよね。

名選手は必ずしも名コーチではないし、コーチングは自分の知識を相手に伝えることではないので、コーチがその分野のプロ中のプロである必要はまったくありません。

しかし、それでもやっぱり達人のコーチは受けてみたい。

それはきっと、なにかを成し遂げた人の〝オーラ〟に触れることで、自分も必ず目標を達成できるはずだ――そう信じることができるからです。達人が全身から醸し出す〝大丈夫、やれば絶対うまくいく〟そのメッセージに包まれたいからです。

誰かをコーチしようと思ったら、**目標達成ということにおいてその人のモデルになる必要があります。**

いきなり〝コーチングの達人〟になることはできませんが、**日々小さい目標を自分に**

課し、それを達成しているという確かな自信を身にまとう必要があります。

それが顔や声を通して相手に伝わり、相手の目標達成に一役買うのです。

そして、それを成し遂げるためには、おそらくまずは自分がモデルとするにふさわしいコーチを持つ必要があるかもしれません。

POINT

日々、小さな目標を達成することで目標達成においてのモデルとなることを自分に課す

日々目標を達成しているオーラを身にまとう

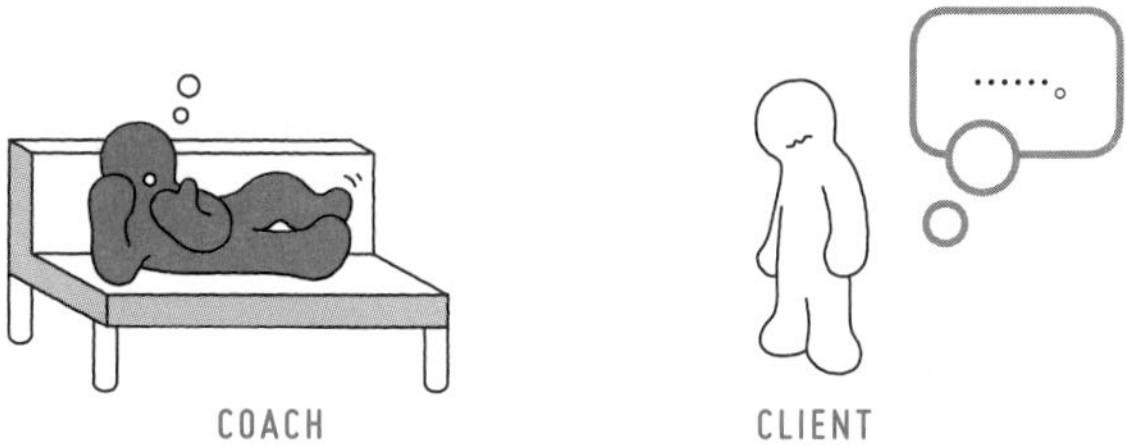
COACH
CLIENT

コーチは必ずしも
“名選手”である必要はないが……

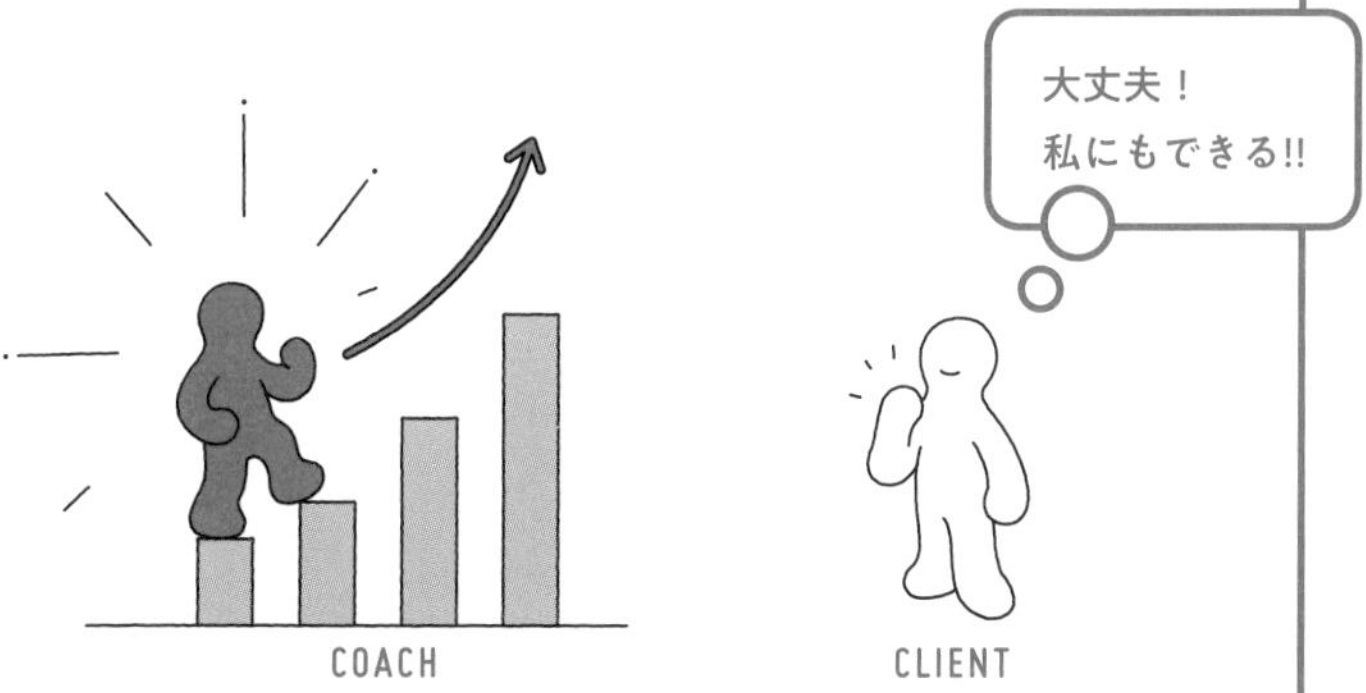
大丈夫！
私にもできる!!
COACH
CLIENT

コーチ自身が日々、小さな目標を達成しているオーラは
クライアントに勇気と自信を与える

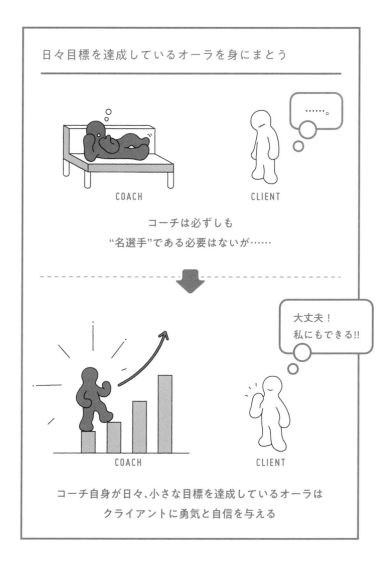

SKILL 48

理想のコーチになりきる

前項では自分がコーチする相手のモデルになる必要があると述べました。そのためにたいへん効果的な方法をひとつ、ご紹介しましょう。

あなたの理想のコーチをひとりあげてくださいといったら、誰を選びますか？　人の才能を開花させることにたけていて、自分自身も常に目標に向かって力強く歩んでいる、そんなスーパーコーチはいますか？

会社の上司？　父親？　ここから先を読み進める前に、ぜひ誰かひとり思い浮かべてみてください。思い浮かんだら、次に**なにからなにまでその人になりきります。**

その人はどんな視線を周りに投げかけていますか？

どんな声のトーンでしゃべりますか？

どんな歩き方をしますか？

立っているときのしぐさはどうですか？

どんなふうに呼吸しますか？

人の話をきくときはどのように振る舞っていますか？

直接会ったことがないからわからないなんていわずに、おそらくこんなふうにするだろうというのを想像してみてください。

どんなふうに人を励ますでしょう？

どんな身振り手振りを多く使いますか？

役者になったつもりで、その人になりきってください。そのままで相手に接したらどうなるでしょう。

彼らの顔はどんなふうに見えますか？

声はどんなふうにきこえますか？

どんなメッセージを投げかけたくなりますか？

どんな質問をしたくなりますか？

彼らとの距離感は変わりますか？
なにか一緒にしてみたいことはありますか？

自分とは違う誰かになりきると、それまでと違う世界を垣間見ることが可能になります。あなたの理想とするコーチが、どんなふうに相手を見ているか、ほんのちょっとでも味わうことができたらしめたもの。きっとあなたのコーチ力を向上させるのに役立つはずです。

できれば明日、その〝理想のコーチ〟になりきったまま、職場へ行ってみてください。新鮮な体験がそこにはあるはずです。

POINT

理想のコーチをありありとイメージし、それになり切って1日を過ごしてみる

あなたの理想のコーチとは……？

① どんな視線を周りに投げかけていますか？

② どんな声のトーンでしゃべりますか？

③ どんな歩き方をしますか？

④ 立っているときのしぐさはどうですか？

⑤ 人の話をきくとき、
どのように振る舞っていますか？

⑥ どのように人を励ますでしょう？

⑦ どんな身振り手振りを多く使いますか？

⑧ 相手の顔はどんなふうに見えますか？

⑨ 相手の声はどんなふうにきこえますか？

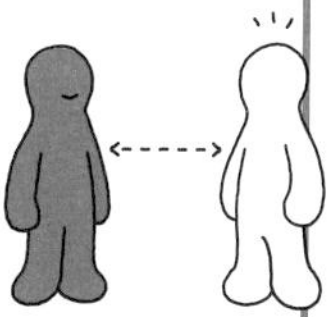

⑩ どんな質問をしたくなりますか？

⑪ 相手との距離感は変わりますか？

⑫ 相手と一緒にしてみたいことはありますか？

“理想のコーチ” になり切ると、違う世界が見えてくる

49
SKILL
心の中に埋もれる宝物を掘り起こす

あなたに〝宝物の掘り起こし方〟をご説明したいと思います。

宝物といっても金銀財宝のことではありません。それは、目の前にいるその人の中にたくさん詰まっている〝かけがえのない体験〟のことです。

まずは、自分の宝物が掘り起こされた体験を思い出してください。

誰かと話していて、偶然その人も自分と同じような素晴らしい体験をしたことがわかる。

「えっ、あなたもグランドキャニオンで朝日が昇るのを見たことがあるの！　私も見たわよ。なんかあれってすごく神秘的よね」

胸の中がわくわくして、言葉がほとばしるように出てくる。

光景がありありと目の前に浮かび、音やにおい、そのとき感じたフィーリングまでもが一瞬にしてよみがえる。

さっきまでの鬱々《うつうつ》とした気持ちが吹っ飛んで、急に心が晴れやかになる……。

どうでしょう、今これを読みながら、あなたの中にもそんなあのときのあの体験がよみがえってはきませんか。

ややもすると忙しい毎日の中で、あんなに素晴らしかった体験さえ、地中深くに埋もれてしまい、なかなか日の目を見ることがなくなってしまいます。

そしてこんなふうに思います。

「なんて自分の人生は、退屈で平凡で、刺激に乏しくて楽しいことが少ないんだろう」

自分の中にたくさんの宝物が埋まっていることなどすっかり忘れてしまうのです。

人はなかなか、自分で自分の中にある宝物を掘り起こそうとはしません。今起きている問題に対応するのに必死だからです。

だから、ぜひあなたが、目の前にいるその人の中に埋もれている宝物を掘り起こしてあげてください。

「今まで仕事をしていて、いちばんうれしかったのはどんなとき？」

プライベートなことでもかまわないでしょう。

「今までした旅行の中でいちばん思い出に残っているのは？」

あとはその人がそのときに見たように、きいたように、感じたように、自分もそのシーンを体験できるまで、興味と関心を持って質問を繰り返します。

そうすることで、宝物はその人にとって、過去の遺物ではなく、今という時間に存在する体験へと昇華するのです。

そして、掘り起こされた宝物は、その人に力を、勇気を、そして広がりを与えます。

POINT

相手のかけがえのない体験を
自分も体験できるまで質問を繰り返す

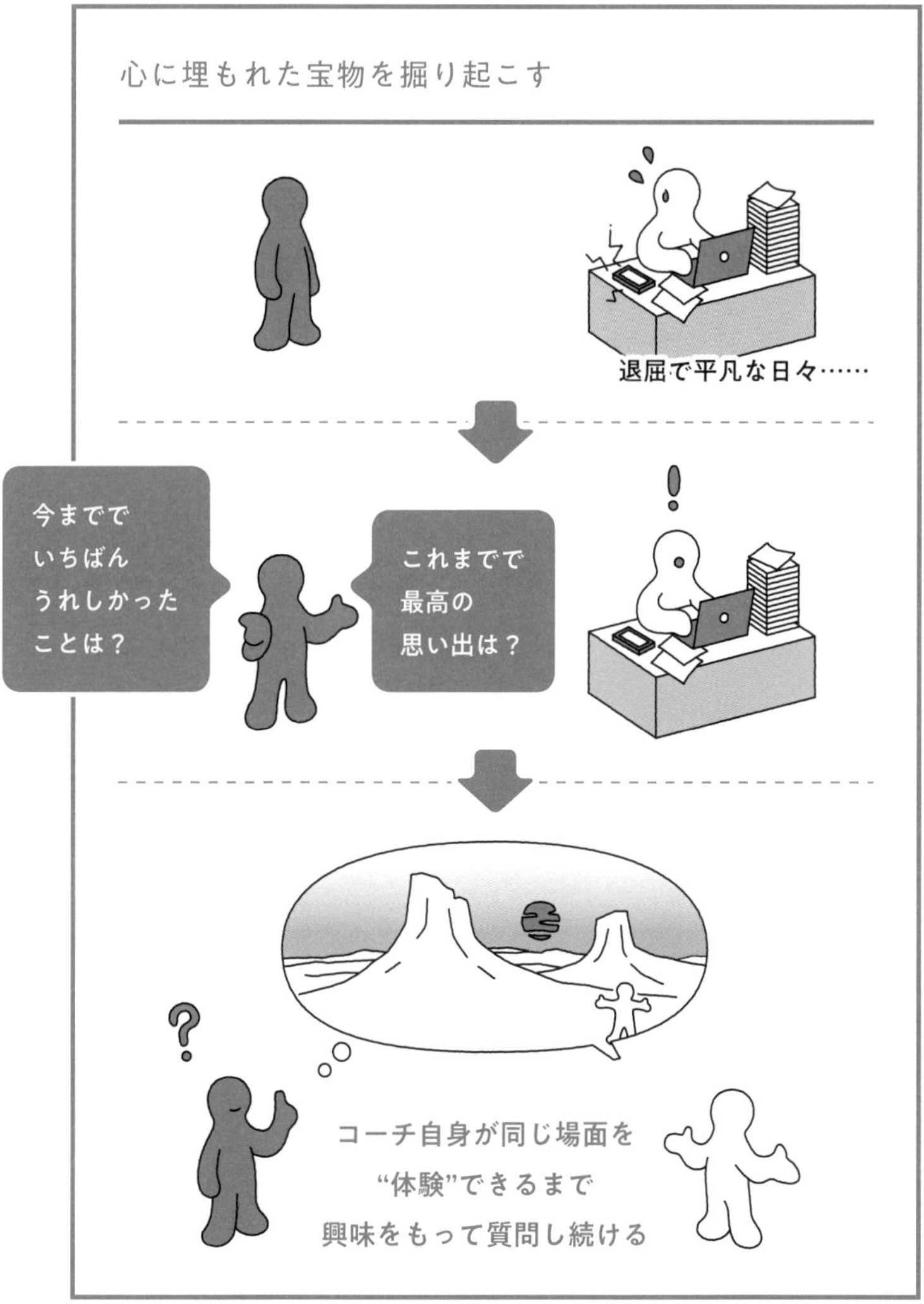
心に埋もれた宝物を掘り起こす
退屈で平凡な日々……
今までで
いちばん
うれしかった
ことは？
これまでで
最高の
思い出は？
コーチ自身が同じ場面を
“体験”できるまで
興味をもって質問し続ける

SKILL 50

コミュニケーションを上から観察する

メタ・コミュニケーションという言葉があります。

メタとは、英語の接頭語で〝上から〟とか〝距離を置いて〟などの意味があります。ですから、メタ・コミュニケーションとは、直訳すると〝上から距離を置いて見たコミュニケーション〟ということになります。

心の目を空中に浮遊させて、誰かとの間で交わされているコミュニケーションを、上から距離を置いて見る。そして、その様子を話題にしてコミュニケーションを交わす。

これがメタ・コミュニケーションというスキルです。

自分が誰かとコミュニケーションを交わしているところを、ちょっと想像してみてください。

〝すごくうまくいっている〟と思うコミュニケーションでも〝どうしていつもこうなってしまうんだろう〟なんて思うコミュニケーションでもかまいません。できれば、その両方を想像してみてください。

コミュニケーションを離れて観察してみる感じはどうですか？

どんなことに気づきますか？

そして、もしその観察した様子を、コミュニケーションを交わしている相手に伝えたらどうなるでしょう？

「おたがい、すごく遠慮して話している気がするんだけど、どう思う？」

「僕のほうから一方的に話をしていて、ちょっと君を萎縮させていないか不安なんだけど、どう感じてる？」

不安や懸念を抱えたままコミュニケーションを続けるのは、大変なエネルギーのロスです。ですから〝メタ〟の位置からコミュニケーションを見て、気づいたことを相手に伝え、そしてその伝えたことに対して相手がどう思っているかをきいてみる。

そうすることによって、交わされているコミュニケーションを、仕切り直すことができます。

コミュニケーションを交わしていて、ほんのちょっとでも違和感を感じたら〝メタ〟に飛び出して、そしてきいてみる。そうすることで内側の重さを解消し、コミュニケーションに軽さをとり戻すことができます。

うまくいっているコミュニケーションでも同じようにすれば、さらにエネルギーを加えることになるでしょう。

POINT

対話に違和感を感じたら〝メタ〟の視点に移動してみる。コミュニケーションを上から観察し、それを話題にする

コミュニケーションを上から距離を置いて観察してみる

会話に違和感や重さを感じたらコミュニケーションから
飛び出して、メタ・コミュニケーションをしてみよう

51
SKILL
〝落としどころ〟を用意しない

コンサルタントやカウンセラーとコーチの違いについてきかれることがよくあります。

コンサルタントは〝行動を提案する〟ことが特徴のひとつでしょう。カウンセラーは〝ある心理状態を引き起こしている理由をクライアントから引き出す〟のが特徴といえるでしょう。

コンサルタントもカウンセラーも〝相手をこういうところへ導きたい〟という落としどころはちゃんと持っているのではないでしょうか。

それに対して、最後の最後まで「で、あなたはどうするの？」ときき続ける、**まったくなんの落としどころもなくクライアントに立ち向かっていくのはコーチの最大の特徴**といえるでしょう。

ある企業の管理職の方にコーチングをしていたときのこと。多くの質問をして状況を明確化したあと、こうききました。

「あなたはどんなことができますか？」

相手は答えました。「いやあ、今はちょっとわからないなあ」

そこで相手をしっかりと見すえ、きき返しました。

「もし今この瞬間わかっているとしたら、どんなことができますか？」

相手の顔から笑いが消えました。そして、その人は明快な答えを返してくれました。


私もコーチングをはじめた頃は「で、あなたはどうするの？」とききながら、一方では答えが返ってこないときに備えて落としどころを用意しなければと、頭を忙しく回転させていたものです。

しかし、コーチとしての経験を積むにつれ、なんの落としどころもなく相手に向かっていくことができるようになりました。

使っている言葉は最初の頃とほとんど変わっていないのです。ただ唯一の違いは「で、あなたはどうするの？」とききながら、頭の中で「必ずそれを見つけ出すことができる！」と大声で叫んでいるということです。

それはおそらく視線や声のトーンに表れて相手に伝わっているのでしょう。2回きくとたいてい相手は答えはじめます。

今度、友人や部下、同僚から相談を受けたらこういって試してみてください。

「きっと、答えを探し当てることができると思う。(短い間を置く)どうしたらいいと思う？」

相手がわからないといったら、もう一回繰り返します。頭の中で「きみは見つけ出すことができる！」と絶叫しながら。

「もしわかっているとしたら、どうしたらいいと思う？」

POINT

落としどころを探して、誘導しない。
相手の中に答えがあると信じて最後まで問い続ける

コンサルタント／カウンセラー／コーチ

[コンサルティング]

解決策を提案する

[カウンセリング]

心理状態の理由を引き出す

[コーチング]

“落としどころ”を用意せず、質問する

52 SKILL エネルギーを高く保つ

天候が人の気分に少なからず影響を与えるということは、あなたも体験しているでしょう。澄み切った青空の下にいれば気分は晴れ晴れするし、どんよりした曇り空が長く続くとなんとなく鬱々としてくる。

アメリカの太平洋岸の北部にあるシアトルという町は、自然と都市の建造物が絶妙にマッチングしたとても美しいところで、ここ数年アメリカ人が住みたい町ランキングでもトップ10に選ばれ続けています。

ところが一方でシアトルは、鬱病になる人が多い町としても知られています。心理学者にいわせるとその最大の理由は雨が多いことなのだそうです。

〝晴れ／雨〟が人のフィーリングに影響を及ぼすのと同じように、ある人の〝エネルギーの高い／低い〟はその人と向かい合う人の行動力に大きな影響を与えます。

晴れた空の下にいると、自分はなにもしなくても気分が爽快になっていくように、エネルギーの高い人と空間を共にすると、ただそこにいるだけでこちらのエネルギーも高まり、なにかしてみようという気になります。

それはちょうど雄大な景色を前にしたときに感じる、あの高まりに似ています。

誰かをコーチングするということは、その人に目標達成に向けての行動を起こしてほしいわけです。ですからコーチする側がエネルギーを高く保つのはとても大事なことです。

いくらコーチング言語に精通していても、エネルギーがなければ人を動かすのは難しい。**最終的に人を動かすのはエネルギーであり、それは否応なしにコーチの視線や声を通して相手に伝わる**のです。

では、どうすればコーチとして自分のエネルギーを高く保つことができるでしょうか。

いろいろな方法がありますが、そのひとつはなんといっても、エネルギーの高い人のそばにいることです。そして体いっぱいにエネルギーを受け続けることです。

エネルギーの低い人と長くいると、いくらもともとのエネルギーが高くても消耗してしまいます。シアトルに住むアメリカ人のように。

自分は相手に対して雄大な景色を前にしたときの高まりをどれくらい与えることができているか。それを自分のコーチとしてのエネルギーの高さを測る基準にしてみてください。

POINT

自分のエネルギーを高く保つために、
エネルギーの高い人のそばにいることを心がける

人を動かすのはエネルギー

エネルギーの低い人といると……

- 気分が落ち込む
- 行動したくなくなる

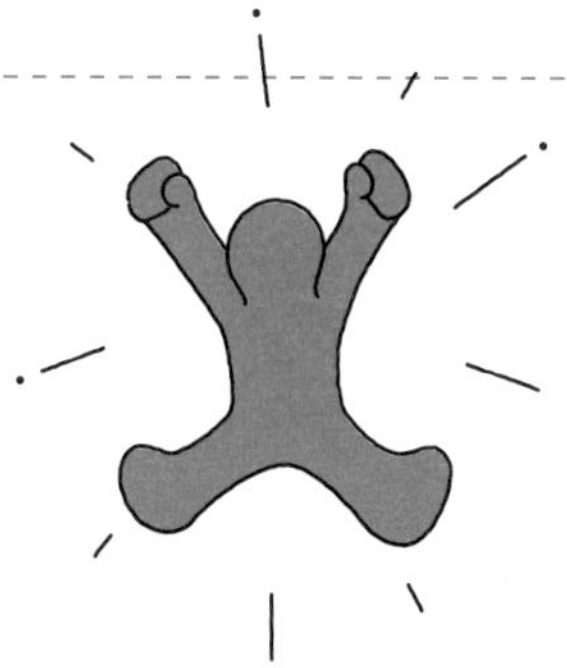

エネルギーの高い人といると……

- 気分が明るくなる
- 行動する気になる

53
SKILL

相手の上や下に立とうとしない

湖を思い浮かべてください。とても透明度の高いきれいな湖です。湖の表面が波打っていなければ、湖畔に立ったあなたの姿は、写真で撮ったかのように湖面に映し出されるでしょう。

逆に、風が強く湖面が波打っていれば、あなたの姿をそこに見ることはできません。同じように、コーチとしてのあなたの内側が湖面のように静かであれば、相手の状態はあなたに映し出され、相手は自分を認識します。

私は、コーチという仕事をはじめてから23年間、瞑想《めいそう》を毎日の習慣にしています。朝オフィスに行くと、必ず自分の部屋で15分は目を閉じる。それは内側を静かにして、自分と向き合うクライアントの姿がそこに映し出されるようにするためです。

瞑想を学ぶために、ニューヨークの瞑想の道場（アシュラム）に行ったことがあります。そこには、インド人のとてもきれいな女性の先生がいました。

初めて先生にお会いしたときの印象はとても鮮烈でした。

面と向かうと、すっとその空間だけ時間が止まるような感じがありました。自分をさらけ出そうなどと思う間もなく、さらけ出てしまう感じ。

確かに私はそのとき、自分を見ました。

湖面のように内側を静かにするには、瞑想は確かに役立ちます。ですが、あなたがこのページを読んで、急に瞑想をはじめるわけではないでしょう。プロコーチのトレーニングにも瞑想という項目はありませんが、ここでは同様の効果が得られる考え方をご紹介します。

自分の経験では、**相手に対して上に立とうとしたり、下からへりくだろうとしたり、ということをやめると、内側は静かになる**ように思います。

上に立とうとしても、下からへりくだろうとしても、内側は波立ちます。その状態で相手に向かうと、相手にその波が伝わり、相手の内側も波立ちます。

おたがいに波立った状態で話すのは、時には一興ですが、自分自身を深く探索することには適していないでしょう。

コーチは、等身大で、ありのままで、真っすぐに正直に、相手と向き合うことが求められるのです。

POINT

人の上にも下にも立たず、フラットで静かな心を保つ

人の上や下に立とうとすると、心は波立ってしまう

[嵐のように波立つ心]

相手の上に立とうとしたり、下からへりくだろうとすると
心の中は波立ってしまう

[静かな湖面のような心]

ありのままの等身大の自分で
フラットに向き合うと心の中は静かになる

SKILL 54

相手を別のフレームに入れてみる

昔、ある大手金融会社のCEOのエグゼクティブコーチングを担当しました。向こうは60代で3万人のトップ。こちらはまだ40代前半でした。

数々の社内の競争を勝ち残り、トップまで行きついた方です。背は高く、スタイリッシュで、話すのがうまく、ロジカルでかつ冗談も言える。

コーチの存在価値は〝質問を投げかけること〟と〝フィードバックをすること〟にあります。ところがこのフィードバックが何も浮かばない。

フィードバックは、相手を見て、聞いて、感じて、内側に浮かぶ言葉を伝えることです。

たとえば、話が面白くなければ、相手が3万人のトップであったとしても、自分の主観として「面白くないですね」と伝える。

「まったくインスパイアされませんでした」「退屈でした」と、正直に感じたことを伝える。それが相手の〝当たり前〟に揺らぎを起こし、自分の発言を振り返る機会をつくる。

「面白くないですね」とストレートに言って、それでも関係が壊れないのがエグゼクティブコーチです。

ところが、この方に対しては「面白い」「インスパイアされた」「刺激的だった」という言葉が浮かんでしまう。それはそれで伝えましたが、相手には何の揺らぎも起こらない。だいたいふだん、周りからそういうフィードバックをたくさん受けているわけです。私は、コーチとしてのバリューをどう発揮することができるのか……。

「そうだ！　違うフレームに入れてみよう」そう思いました。

国内3万人のトップではなく、グローバル企業のトップとして見たらどうだろうか？

あるいは、この人が自分の父だったらどうだろうか？

あるいは、一国の首相として見たらどうだろうか？

さまざまなフィードバックが浮かびました。

グローバル企業のトップにしては、迫力に欠ける。きれいな話ではあるけれど、情熱が足りない。

自分の父としてみると、立派すぎて近寄りにくい。

首相をやるには、庶民のところに降りていく感じがない。つまり親しみにくい。

思い浮かんだこれらの言葉を彼に折を見て伝えました。彼の中にずっと起こっていなかった新鮮な揺らぎが起こり「とても新鮮ですね」と言っていただきました。

違うフレームに入れて相手を見てみる。新しいフィードバックの言葉が浮かぶかもしれません。

POINT

別のフレームに入れてみることで〝当たり前〟に揺らぎを起こす発見がある

相手が“完璧なリーダー”だと思えたとしても……

もしも相手がグローバル企業のトップなら？

情熱が
足りない
のでは？
そうか!!

もしも相手が自分の父親なら？

立派すぎて
近寄り
にくいです
新鮮な
意見だ！

もしも相手が一国の首相なら？

親しみ
にくい
ですね
努力の余地が
あるな…

ストレートに伝えても関係が壊れないのが“コーチの達人”

SKILL 55

個別対応で才能を開花させる

コンサルティング会社の営業をしている方の営業に何度か同行したことがあります。驚くのは、回を重ねるたびに彼がコーチングについて、より簡潔により深く説明できるようになっていることです。

「常に自分の腕を磨きたい」

彼がそうした気持ちを抱いていればこそのことだと思います。

営業力、開発力などの職務能力を日々研鑽している人は、少なからず企業の中に存在しています。ところが〝相手の才能を開花させる〟ということに関して常に腕を磨こうとしているマネージャーは、残念ながらほとんどいません。少なくともこれまでの経験からはそう思います。

だいたいは〝自分なりの育成方法〟というのがあり、それをどの相手に対しても同じように使っています。

当然そのやり方でうまくいくケースもあればうまくいかないケースもあるわけです。そしてうまくいかない場合は「あいつに能力がない」と、部下のせいにしてしまいます。

営業なら、苦手なタイプの顧客や苦手な状況があれば、なんとかそれを克服しようと努力します。つまり、状況打開のために戦略的に思考するわけです。

しかし人の育成となるとなかなかそうはいかない。〝Sに対してはこう〟〝Tに対してはこう〟と戦略的に個々の部下の育成について考え、接している上司は本当に少ないでしょう。

部下がそこそこうまくいっている場合、もっと才能を高く伸ばすためになにができるかを考えている上司の数となると、さらに少なくなります。

おそらくフェデラーのコーチは〝どうすれば彼をさらに成長させることができるか〟を

いつも考えているでしょう。

もしそんなふうに、上司が部下の育成について考えたら、きっとその会社は大きな発展を遂げると思うのですが。

せっかくこの本を手にとったのです。コーチとしての自分の腕をとことん磨いてみませんか。

そのためにはひとりひとりの顔を思い出し、それぞれに対してどのような戦略で臨むべきかを少し時間をとって考えてみることが第一歩となるでしょう。

POINT

自分なりの育成方法では、一部の相手しか育てられない。育成方法は、相手によって変える必要があると心得る

才能を開花させる戦略は個別に考える

[自分なりの育成方法]

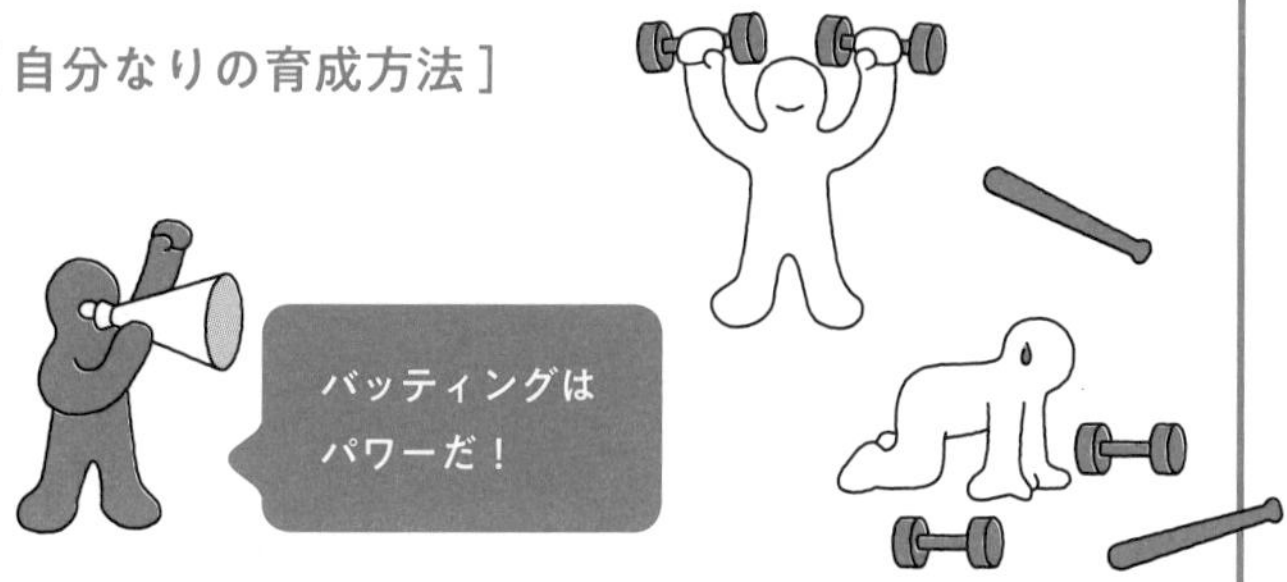

経験ベースのワンパターンの育成法では
その方法が合う人しか育てられない

[個別対応の育成方法]

ひとりひとりに合わせた個別対応の戦略で育てる

SKILL 58
チームで
〝問い〟を共有する

SKILL 59
キーパーソンと
徹底的に対話する

チーム・組織に対話を引き起こす

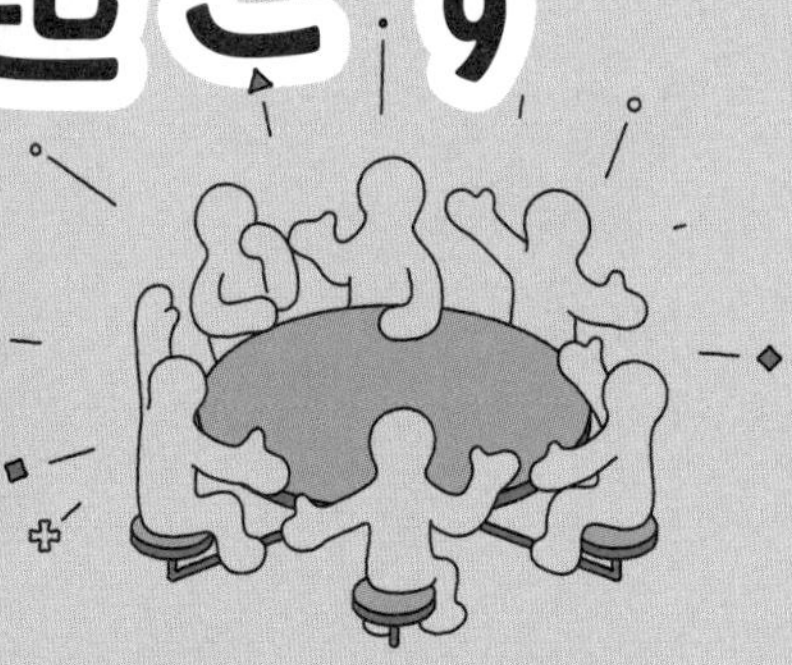

SKILL 61
対話を起こす環境を
デザインする

SKILL 62
おたがいの
違いを愛する

SKILL 56
異論反論を
大切にあつかう

SKILL 57
チームの状態を
観察し話題にする

LESSON 07

SKILL 60
〝横の対話〟
に一歩踏み出す

SKILL 56

異論反論を大切にあつかう

ハーバードで公衆衛生学を学び、組織における個人のウェルビーイングに関して、さまざまな提言をしている石川善樹さんとお話しする機会がありました。

彼は講演などで「信用と信頼は違う」と発信しています。

〝信用は理性的な判断だけれども、信頼は感情的な結びつき〟――だから〝彼の能力は信用しているけれども、人としては信頼しきれない〟という表現が成り立ちます。

逆もしかりです。〝彼という人間を信頼はしているけれども、彼の仕事の正確性を信用はしていない〟ということもありえます。

その石川さんに「信用と信頼の区別はとてもわかりやすいですね」と言うと「信頼と信

仰の違いというのもありますよね」と返されました。

石川さんによると、信頼も信仰も〝感情的な結びつきがある〟という意味では同じ。しかし、信頼は異論反論を許すけれど、信仰はそれを許さない。

異論反論を許し合ってこそ、本当の意味での信頼が醸成される――その通りだなと思いました。


経営者や管理職の方々から「ミーティングや会議で意見が出ない」という話を聞くことがよくあります。

自由に発言するには安心感が必要です。

安心感は信頼をもとに生まれるものです。

そして、信頼は異論反論を許し合う中でこそ育まれる。

逆にたどれば、日頃から〝異論反論を投げても大丈夫だ〟という双方の体験が、信頼をつくり出し、安心感を生み、自由な発言を可能にするということになります。


コーチは異論反論を避けたり、かわしたり、つぶしたりすることはありません。

それに賛成するわけではありませんが〝チームや組織の発展〟という共通の目的に向けて、大切な貴重なかけがえのない情報として扱います。

あなたはどのくらい相手の異論反論に向き合う準備ができていますか？

POINT

異論反論を、大きな目的に向けての
大切な情報として扱う

日頃から異論反論を大切にしているか……

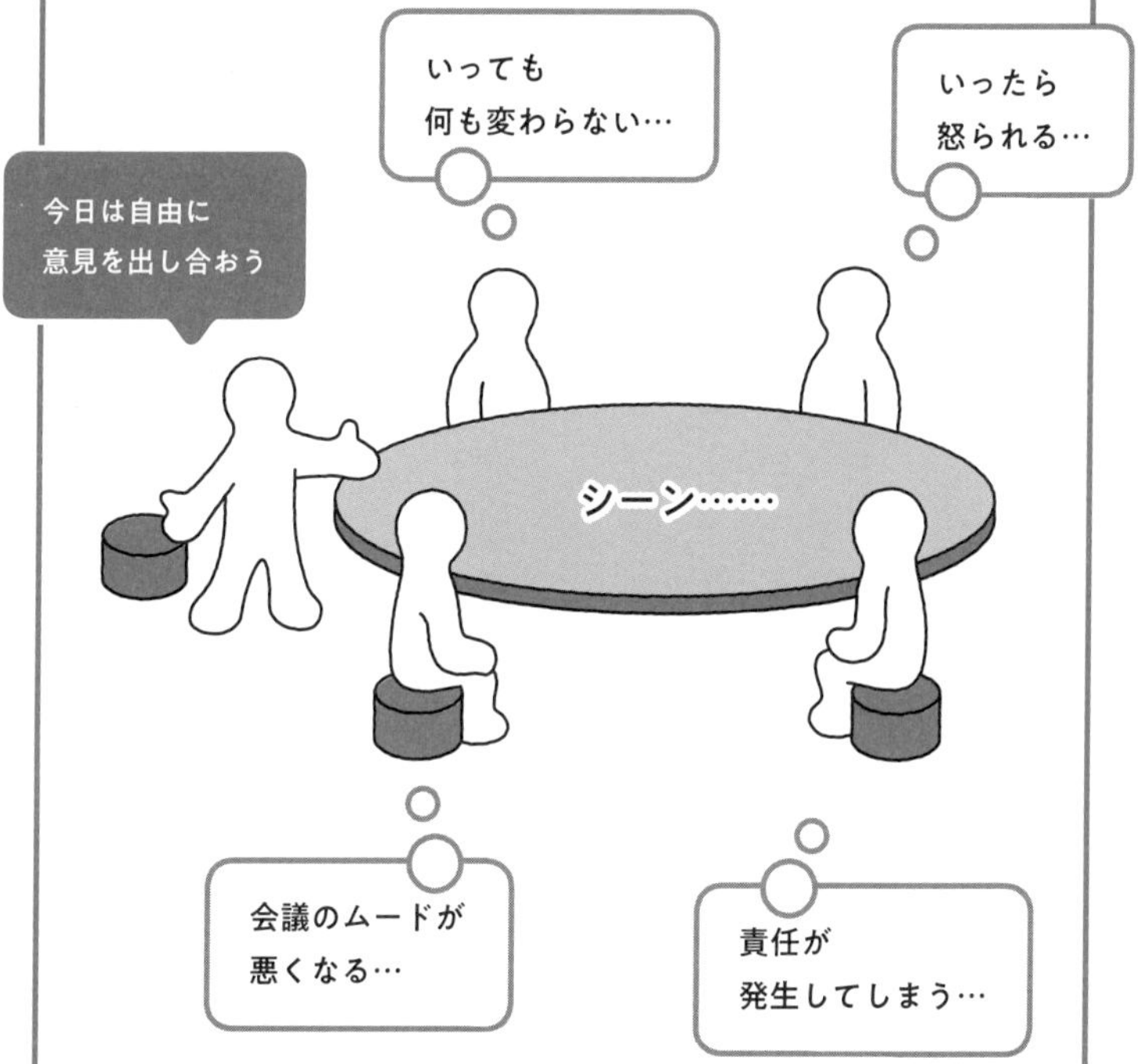
今日は自由に
意見を出し合おう
いっても
何も変わらない…
いったら
怒られる…
シーン……
会議のムードが
悪くなる…
責任が
発生してしまう…

「"異論反論"を投げても大丈夫！」という体験の積み重ねが、
信頼と安心感を生み自由な発言を可能にする

57
SKILL

チームの状態を観察し話題にする

前述したように、メタ・コミュニケーションとは、今ここのコミュニケーションを〝離れて〟観察し、そこで気づいたことをベースにコミュニケーションを交わすことです。

これは、1対1のシチュエーションだけではなく、ミーティングなど、チームメンバーが集まっている場でも使えるコミュニケーションです。

チーム内のコミュニケーションには〝慣性〟が働きます。

なんとなく、昨日までのコミュニケーションを今日もチームの中で続けてしまう。

出だしは、ひとつの目標に向けて、意見を出し合い、とても活性化していたチームの雰囲気が、徐々にだんだんと悪くなる。意見が少しずつ出なくなり、微妙に関係が希薄になる。

いきなり起こった喧嘩は解決できても、**だんだんと悪くなる雰囲気を改めるのは難しいものです。**〝ゆでガエル〟ならぬ〝ゆでチーム〟——そんなときに、チームに対して、メタ・コミュニケーションをできる人がひとりいれば状況は変わります。

2015年、ラグビーワールドカップで日本代表は南アフリカに勝利し、世紀の番狂わせと言われました。エディー・ジョーンズ監督やリーチマイケルキャプテンのリーダーシップやマネジメントについては多くが語られていますが、影の立役者は〝小さな巨人〟スクラムハーフの田中史朗選手でした。

著書『負けるぐらいなら、嫌われる』（KKベストセラーズ）を読むと、いかに田中選手のコミュニケーションがチームを鼓舞したかがわかります。

チームに真剣味が足りないとき「なんで100パーセントの力でやらないんや！」と苦言を呈する。190センチクラスの大男が円陣を組む真ん中で、166センチの田中選手が、感情をあらわにし、鬼気迫る顔で思いをぶつける。

田中さんの強い言葉に、チームは何度も目を覚まされたそうです。

チームを俯瞰してその状態を認識し、恐れずにそれを口にする。まさにチーム・メタ・

コミュニケーション。

コーチング的には、認識したことを質問にして投げかけます。

心の目を、少し宙に浮かせてチームを眺め、そして、気づいたことをチームに問いかける。

「最近、それぞれが意見を口にしていないと感じるんだけど、みんなはどう思ってる?」

そのひとつの質問が、チームのメンバーの目を同じように宙に浮かせ、どこかで薄々気づいてはいたけれども、しっかりとは言語化できていなかったチームの状況を認識させる。

あなたのメタ・コミュニケーションが、チームの状態を変えるかもしれません。

田中選手の言葉のように。

POINT

徐々に悪くなるチームの雰囲気を メタ・コミュニケーションで変える

メタ・コミュニケーションでチームのムードを変える

最近ギスギス
しているな…
イヤな
ムード…

だんだんと悪くなるチームの雰囲気を変えるのは難しい

最近、あまり意見が出なくなったように
感じるのだけれど…
みんなはどう思っている？

「チームの状態がよくない」と思っていることを話題にしてみよう

58

SKILL

チームで〃問い〃を共有する

人は毎日たくさんの質問を自分自身にしています。

質問をして、答えて、質問をして、答えて……。思考というものは〃交互にチェーンのように連なる質問と答え〃から構成されているようです。

たとえば、朝起きます。すぐに自分に問いかける。

「今日のスケジュールなんだっけ？」

問いかければ脳は答えを出そうとします。

「あっ、会議だ」

次の質問が頭に浮かぶ。

「何を着ていこう？」「ちゃんとスーツ着ていったほうがいいな」

こんなふうに質問と答えが連なります。

ポイントは**〝自分にどんな問いかけをするか〟**は、**かなり無意識**だということです。意識して「さあ、これを質問するぞ」と自分に問いかけているわけではない。ですから、気がつくと、同じ類の質問をずっとしていた、ということが起こるわけです。

一説によると、人は1日1000回ぐらい自分に質問をしているようです。

もし仮に、その質問が「上司に怒られないようにするにはどうしたらいいだろうか？」であったらどうでしょうか？　しかも、自分の部下10人が全員その質問をしている。

おそらくチームの活力は高くないでしょうし、新しいクリエイティブな動きは、その問いからは起こらないでしょう。

以前あるグローバルホテルチェーンの日本代表とお話ししたことがあります。

聞くと、頻繁に米国本社のトップが、彼にメールや電話をしてくる。そしてたずねる。

「おい、今日、俺たちは世界一か？」

「お客様は満足しているか？」という問いであれば「イエス、サー」と答えて会話は終わるかもしれない。

でも「今日、俺たちは世界一か？」と問われると「世界一だろうか？　世界一にするために何ができるだろう？」と考えはじめると代表はいいます。

そして、彼もまた、フロントのスタッフや、ドアマンに問いかける。

「おい、今日、私たちのサービスは世界一か？」

こうして、**リーダーの〝問い〟が連鎖し、メンバーに共有され、全員が「世界一のサービスとは何か」について、毎日考える。**これが〝問いの共有〟です。

コーチは、自分自身の行いによって〝自己保身的な問い〟がメンバーの中に流れることを、決してよしとしません。**チームの存在目的を果たすことに直結する問い**を自ら考案し、それをメンバーに問いかけ、チームに〝問いの共有〟をうながすのです。

POINT

チームの存在目的につながる〝問い〟の連鎖を起こす

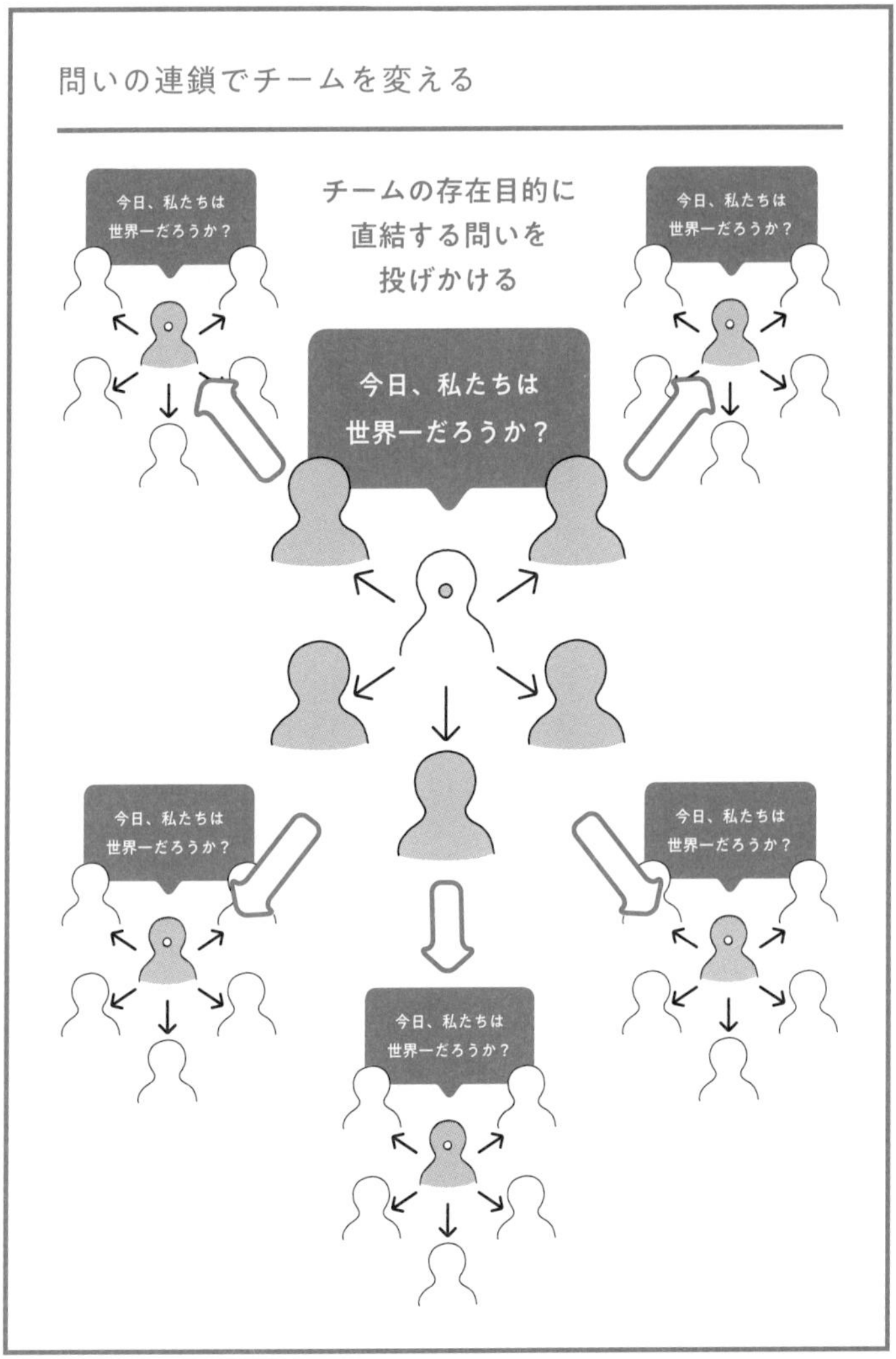
問いの連鎖でチームを変える
チームの存在目的に
直結する問いを
投げかける
今日、私たちは
世界一だろうか？

59

SKILL

キーパーソンと徹底的に対話する

先日、ある金融会社の事業部長から、次のように聞かれました。

「コーチングを受けて、自分は対話の重要性がよくわかりました。それをチーム全体に広げるには何かよい方法はありますか？」

それに対して、次のように質問させていただきました。

「対話を部の中に展開するための、キーパーソンは誰でしょうか？」

それが対話であれなんであれ、何かを組織の中に広めようと思ったら、キーパーソンを選び、キーパーソンの活躍に期待するというのがあります。

キーパーソンは必ずしも直下の部下である必要はなく、影響を及ぼせる人であれば誰でもいいのです。

新人でも、外国人でも、派遣の方でも。思わぬ人がキーパーソンである可能性があります。

対話を広めたければ、まずそのキーパーソンと徹底的に対話する。

「このチームが業績を上げるために、何を変えることができるだろうか?」

問いを投げかけ、一緒に探索し、発見をうながす。

対話には〝感染力〟があります。対話を体験し、対話を通して、何かを見つけ出した人は、次の誰かと対話したくなるものです。

5人のキーパーソンと本当に有効な対話ができれば、それぞれのキーパーソンは次の5人と対話をする可能性が生まれる。

つまり、あなたひとりから、その対話に従事する人が25人生まれるわけです。

たったひとりの対話への情熱が、対話の文化を創り出す。

ひとりが躍っていると、次々に周りの人が踊りだすという動画を見たことがある人は多いでしょう。

ポイントは、それを〝心から楽しんでやっているか〟です。

あなたが、そしてキーパーソンが、コーチングを、対話を、心から楽しんでチームの中で行っていれば、いつしか、チーム全員がそれを楽しんでやるようになると思います。

それは、あなたからはじまるのです。

POINT

キーパーソン5人と徹底的に対話する。それは25人の対話に広がる可能性がある

キーパーソンから“対話の文化”を広げる

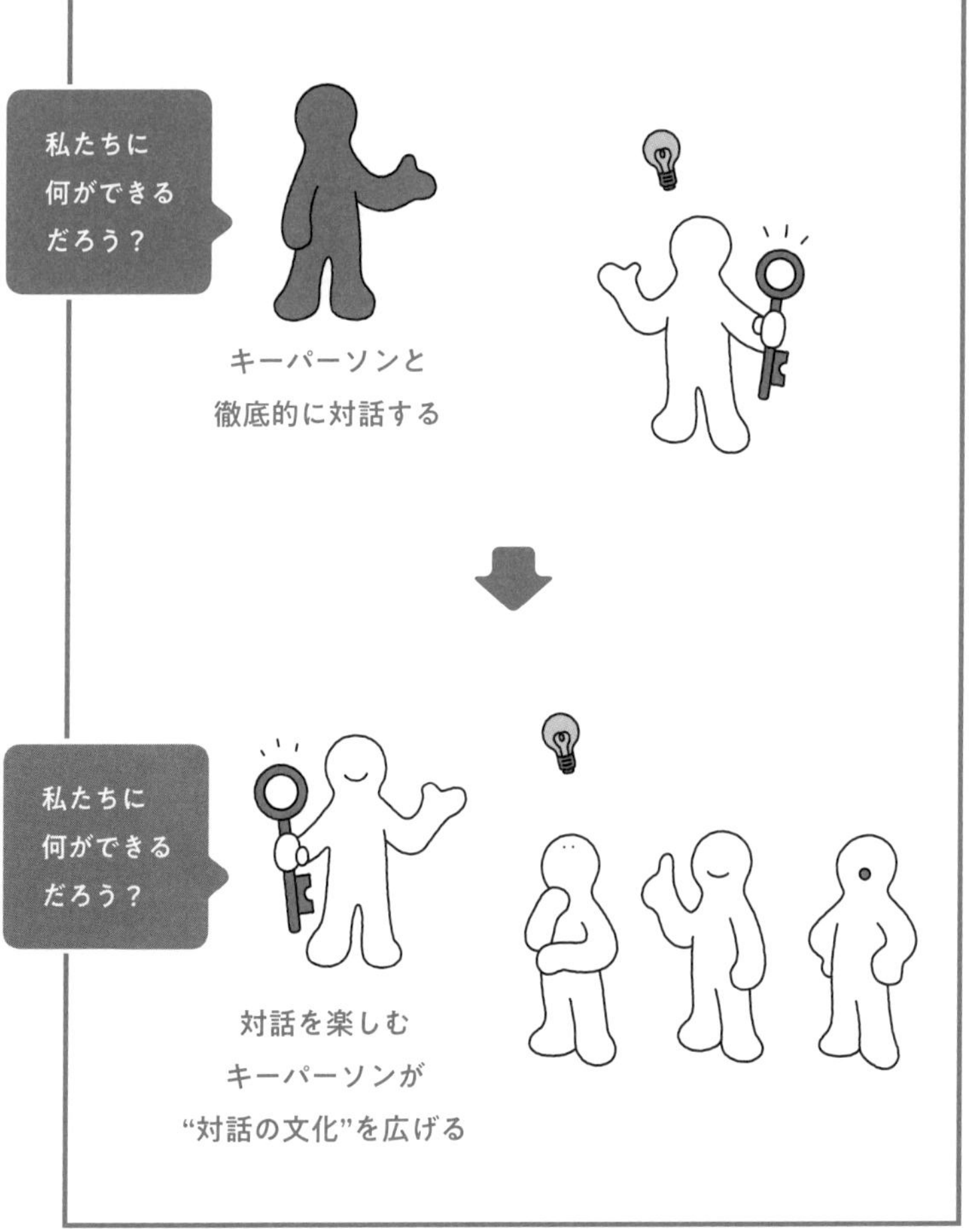
私たちに何ができるだろう?
キーパーソンと徹底的に対話する
私たちに何ができるだろう?
対話を楽しむキーパーソンが“対話の文化”を広げる

60
SKILL

〃横の対話〃に一歩踏み出す

コーチ・エィへの組織開発に関する相談で大変多いのが〝どう横に話させるか？〟です。横の対話とは、企業でいえば、部を超えての対話、事業部門を超えての対話です。

〝縦の対話〟は〝横の対話〟に比べれば、ずっとスタートしやすいわけです。昨今1オン1制度を導入する会社も増えました。

うまくいっているかどうかは別にして、縦はポジションパワーが利きますから、上司が「対話する時間をとろう！」と言えば、それはスタートします。しかし〝横の対話〟はそうはいきません。

先日あるロジスティクスの会社の社長から相談を受けました。

「事業部門の長である執行役員が、他の執行役員とまったく話そうとしない。おたがい違う経験と視点を持っているわけだから、話せば刺激を受けるはずなんですが……。どうにかならないでしょうか？」

「なぜ執行役員同士は話さないんでしょう？」と伺うと、

「おそらく、自分の部門のことをあれやこれや言われたくないのでしょう。ここは俺の島なんだから、俺が責任を持ってやっているんだからと。執行役員制度の弊害ですね」

話すというのは、実はリスクを伴う行為です。

相手に批判されるかもしれない。否定されるかもしれない――だから〝ポジション〟に守られて話す〝縦の対話〟はいいけれど、防御が薄くなる〝横の対話〟はできれば避けたいということになるわけです。

横に話すためには、自分のメンタリティを１８０度変える必要があります。

自分の利益は一旦脇に置いて、相手のために話すと決める――つまり、コーチという役割を身にまとって話すのです。

相手のためにと思った瞬間に、自分の守りへの意識は薄くなり、相手に向かって一歩が出ます。それは、結果的には相手との信頼の構築につながり、情報も入るでしょうし、協力が得られるかもしれません。

先ほどのロジスティクスの会社では、執行役員が別の部門の執行役員をコーチするという仕組みをつくりました。

最初は「なんでそんなことをやるんだ」と不満顔だった執行役員。しかし、回を重ねるごとに、おたがいの間にかつてない信頼感が醸成されるのを感じるようになったそうです。

社長いわく「経営会議の雰囲気がとてもよくなりました。前は誰かが発言しても、それに対しての質問や意見がほとんど出なかった。今はもう喧々諤々の議論になります」

〝横の対話〟をするメリットは決して小さくありません。

POINT

〝相手のために話す〟と決めることから効果的な〝横の対話〟はスタートする

“相手のため”の意識で、横の対話に一歩踏み出す

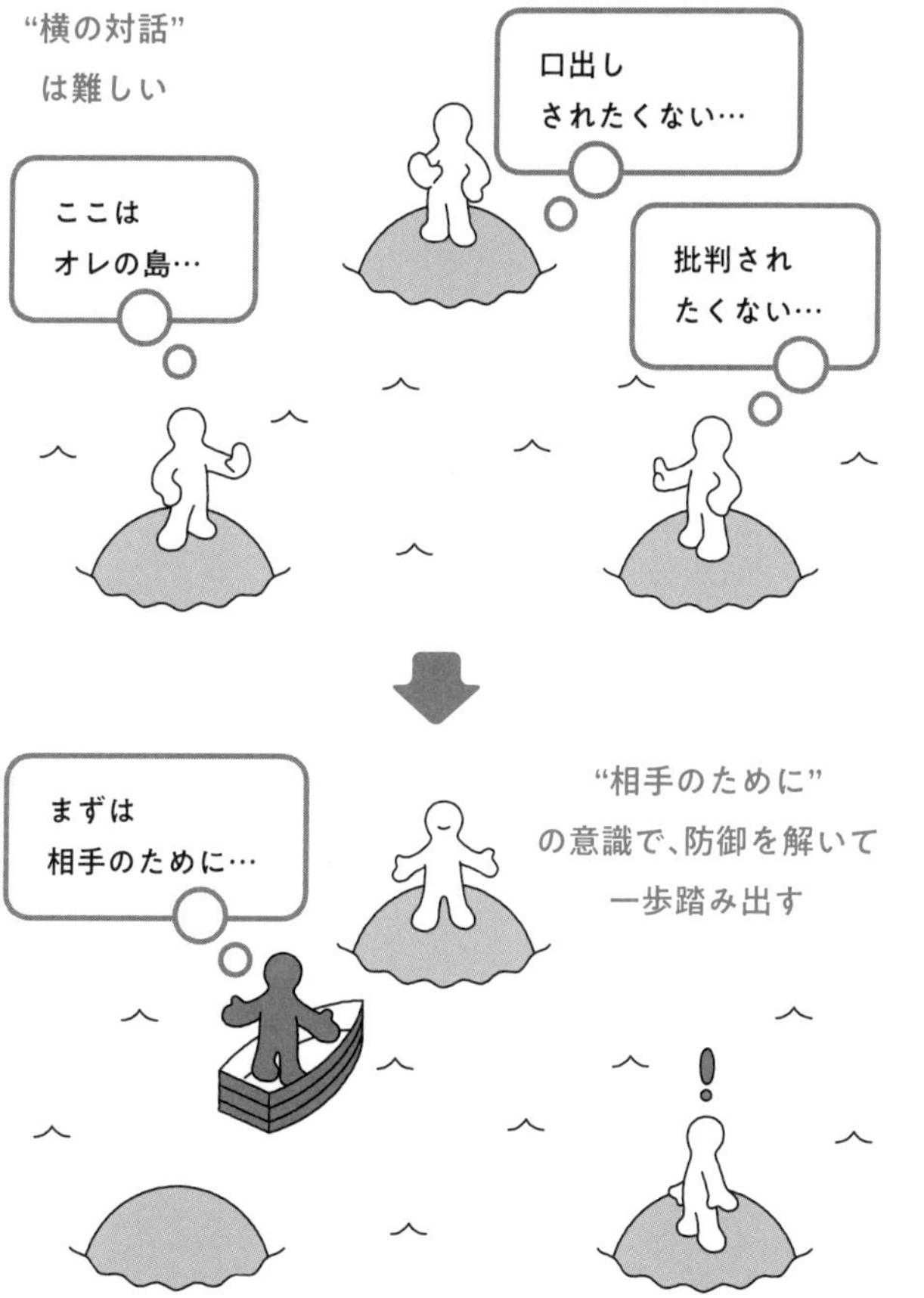

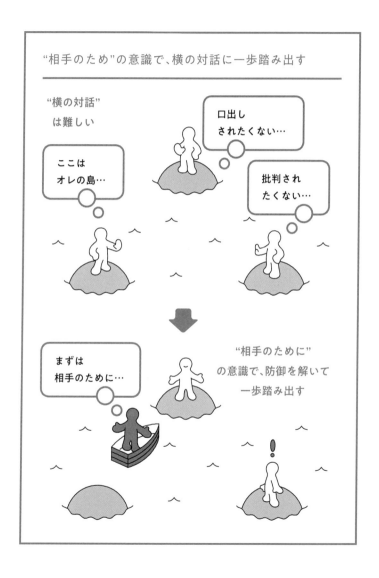

61 SKILL 対話を起こす環境をデザインする

対話が起きやすい環境というのがあります。

コミュニケーションが活性化するように、オフィスを工夫してつくる企業は、だいぶ増えたように思います。

アメリカ西海岸のＩＴ企業ほどではないにしても、フリーアドレスだったり、グリーンがたくさん配置されたり、気軽に話せるカフェのようなスペースをつくったり……。

ところがそういう企業も、役員が集まる部屋となると、相も変わらず重々しかったりします。たとえば、大きくて長い楕円のテーブル──目の前の人との距離は一体どれくらいあるのだろうかと、巻き尺で測ってみたくなります。

企業だけではありません。学校でも、病院でも、もちろん役所などでも〝重鎮〟の集まる部屋は、今でも重々しい。

権威を演出するためなのかどうかわかりませんが、そこにアメリカ西海岸の軽やかさはありません。**組織全体を牽引する人たちが話す場は、本来、最も対話しやすい場であってしかるべき**です。

単純に、おたがいの間に距離があれば、それだけで対話はしにくくなります。

以前、ある企業のマネジメント向け研修施設のこけら落としに招かれたことがあります。そこには、何か創造的にアイデアを出し合いたいときに使う〝クリエイティブルーム〟というのがありました。

小さな丸テーブルがあり、6つの椅子が備え付けてあります。そして、椅子はテーブルにくっつけてあるわけです。ですから、大人が座ると、かなりおたがいの距離が近いのです。

こうなると、ここに座った途端、しゃべらずにはいられないんですね。沈黙していると、ちょっと気持ち悪いような居心地の悪さがありますから。

施設を案内してくださったファシリティ(設備)の責任者の方いわく、「実験的につくりましたが、想像以上でした。ものすごく議論が活発になります」

もし権威づけることではなくて、リーダーの間に対話を起こすことを優先するのであれば、会議室のテーブルは小さいほうがいいかもしれません。

対話に重要なのは、スキル、マインドセット、そして適した備品です。

POINT

対話せずにはいられないような設備や環境をデザインする

立派な会議室で、対話は生まれにくい……

[重鎮のための会議室]

[対話のための場所]

座った途端に、話さずにはいられないような
対話のための場所・備品を工夫してみよう

SKILL 62

おたがいの違いを愛する

組織、チームの中には、いろいろな種類のコミュニケーションが存在しています。

どちらが正しいのか間違っているのかを明らかにしようとする〝ディベートのようなコミュニケーション〟。

おたがいの共通項を見つけ、安心感を醸成することを主目的とする、いわゆる〝会話的コミュニケーション〟。

そして〝情報共有〟。SNSなどのデジタルツールを使ったコミュニケーションは、多くの場合、情報共有が目的となっています。

さて、対話とは、ディベートでも会話でもありません。その中で情報共有はされるでしょうが、主目的ではありません。

対話は、**〝おたがいの違い〟を顕在化させていきながら〝物事に対する新たな洞察〟を手にすること**を目指します。

自分はAという物事をこう見ていたが、相手はそう見ているのか。であれば、Aはああいうふうにも見れるな――というように、です。

少し抽象的ですが、対話らしい対話を交わしているときは、このような認識が起きます。そして〝目の前の人と話すことによって、世界が新しく見える〟という、なんともいえない喜び、驚き、醍醐味を味わうことができます。

コーチは、相手に問いかけ、共に探索し、相手さえもクリアに言語化していなかった見方を顕在化させる存在です。

違いを恐れず、違いを愛し、違いの中に入っていきます。

だから、コーチは対話の誘発者であり、対話のエージェントであるといえます。

あなたのチームには、どんなコミュニケーションが多いでしょうか？

それはあなたが望んでいるコミュニケーションでしょうか？
もしあなたがチームの中で対話を増やすことを望むのであれば、コーチングを真剣に学ぶことは決して悪くない選択だと思います。

POINT

おたがいの違いを愛することから
物事への新た洞察が生まれる

ディベート／会話／対話の違いとは……

[ディベート]

正しいか、間違っているかが大事

[会話的コミュニケーション]

おたがいの共通点と安心感が大事

[対話]

おたがいの違いが大事

こんな場合はこのスキル

本書活用のガイド

状況別にどのスキルが効果的かを整理してみました。
時間に余裕がない場合は、まずこれらのスキルを試してみてください。

相手が、あまり話してくれない

相手に話させたいのに、つい自分が一方的に話してしまう

相手がスランプに落ちこんでいる

どうしてもそりの合わない相手がいる

一生懸命自分の経験を伝えても、真剣に受け止めてもらえない

相手に仕事や判断を任せられない

いつも不平や不満ばかりいってくる人がいる

相手が方向性を見出せるとはとうてい思えない

相手の目標設定がうまくいかない

若い人とうまく接点を持つことができない

コミュニケーションがどうもしっくりいかない

相手の提案やアイデアが引き出せない

相手が自分でやると宣言したことを継続してやらない

新しい相手と、早くよい関係を築きたい

自分のグループの雰囲気が悪い

自分と違うタイプの相手をどう育てたらよいかわからない

相手をどうほめたらいいかわからない

相手をどう応援すればよいのかわからない

相手が最近とても悩んでいるようだ

相手にあまり問題意識がない

いいたいことがあるが、ちょっといいにくい

真面目で実直だが、視野が狭く、いろいろな可能性に目を向けられない

よくやっているが、今ひとつ大きく伸びない

相手が最近疲れている

相手が自分で決めた行動を実行できない

相手の状況や目標の達成度合いが見えない

新 コーチングが人を活かす

発行日　2020年 6 月 30日　第 1 刷
2024年 1 月 25日　第 17刷

Author　鈴木義幸

Illustrator　若田紗季
Book Designer　krann 西垂水敦・市川さつき（カバーデザイン）
小林祐司（本文デザイン・DTP）

Publication　株式会社ディスカヴァー・トゥエンティワン
〒102-0093　東京都千代田区平河町 2-16-1 平河町森タワー 11F
TEL　03-3237-8321（代表）03-3237-8345（営業）／FAX　03-3237-8323
https://d21.co.jp

Publisher　谷口奈緒美
Editor　原典宏

Distribution Company
飯田智樹　蛯原昇　古矢薫　山中麻吏　佐藤昌幸　青木翔平　磯部隆　小田木もも　廣内悠理　松ノ下直輝
山田諭志　鈴木雄大　藤井多穂子　伊藤香　鈴木洋子

Online Store & Rights Company
小田孝文　川島理　庄司知世　杉田彰子　阿知波淳平　王廳　大﨑双葉　近江花渚　仙田彩歌　副島杏南
滝口景太郎　田山礼真　宮田有利子　三輪真也　八木眸　古川菜津子　高原未来子　中島美保　石橋佐知子
伊藤由美　金野美穂　西村亜希子

Publishing Company
大山聡子　大竹朝子　藤田浩芳　三谷祐一　小関勝則　千葉正幸　伊東佑真　榎本明日香　大田原恵美
小石亜季　志摩麻衣　野村美空　橋本莉奈　星野悠果　牧野類　村尾純司　安永姫菜　浅野目七重　林佳菜

Digital Innovation Company
大星多聞　森谷真一　中島俊平　馮東平　青木涼馬　宇賀神実　小野航平　佐藤淳基　舘瑞恵　津野主揮
中西花　西川なつか　野﨑竜海　野中保奈美　林秀樹　林秀規　元木優子　斎藤悠人　中澤泰宏　福田章平
小山怜那　神日登美　千葉潤子　波塚みなみ　藤井かおり　町田加奈子

Headquarters
田中亜紀　井筒浩　井上竜之介　奥田千晶　久保裕子　福永友紀　池田望　齋藤朋子　俵敬子
宮下祥子　丸山香織

Proofreader　文字工房燦光
Printing　大日本印刷株式会社

ISBN978-4-7993-2610-7　© Yoshiyuki Suzuki, 2020, Printed in Japan.